三宅雪嶺――著

# 祖国の姿

慧文社

改訂版刊行にあたって

一、本書は一九三九年に発行された三宅雪嶺（著）『祖国の姿』（千倉書房）を底本として、編集・改訂を加えたものである。

一、原本における明らかな誤植、不統一等は、これを改めた。

一、原本の趣を極力尊重しながらも、現代の読者の便を図って以下の原則に従って現代通行のものに改めた。

i　「旧字・旧仮名」は原則として「新字・新仮名」に改めた。（例…「盡→尽」「云ふ→云う」等）

ii　踊り字は「々」のみを使用し、他のものは使用しない表記に改めた。

iii　送り仮名や句読点は、読みやすさを考えて適宜取捨した。

iv　難読と思われる語句や、副詞・接続詞等の漢字表記は、ふりがなを付すか、一部かな表記に改めた。

v　地名、人名など一部の語句を、現代の一般的な表記に改めた。

vi　現代の観点から見ると差別的とも思える表現があるが、時代性と資料性を考慮してそのままに残し、原文で伏字になっているものは伏字のままに留めた。

慧文社

# 序

「祖国」が訳語ならば、「愛国」も訳語、「国家社会」も訳語、肝要の語が概ね訳語化するが、訳語は輸入品でなく、前から存在したものに他国と共通の意義で名称を下したに過ぎない。何でも幾らか他国と共通の意義を備えつつ、必ず幾らか違って居り、特に歴史において甚だしい。

個人的には遠く祖先に溯り得るのがあり、支那で孔子も孟子も現に後裔が存在すれど、幾度となく宗廟《そうびょう》社稷《しゃしょく》が変じ、被髪左衽《ひはつさじん》した事さえあり、祖国が何代を経たかを言うを得ない。今のインド、今の欧米列国は、如何なるを祖国とするか。祖国が有るには有るも、源が近くて流れが浅い。

自分は半世紀以上も執筆しつつ、特に思想の変化を覚えず。もし発達の跡があれば幸いとするのであって、幾十年前の分を示されるとて、彼も一時、これも一時と云わず、前に唱えた所は今も唱えるを憚《はばか》らない。編数が多く、種類も区々ながら、祖国に関するのが相応の数に上る。

富士山は単純な円錐形でも、画人は「富士百態」を描いてなお足るを知らない。我が祖国は万世一系の皇室を戴《いただ》き、姿において神社と共にすこぶる単純と見え、遠く過去を顧《かえり》み来り、現在を観、将来を察すれば、蘇東坡《そとうば》が東林壁に題し、「不識盧山真面目、只縁身在此山中」と云ったのに万々倍するのみでない。

編纂《へんさん》は編集員に一任す

昭和十四年八月　著者

# 目次

# 日本の雄大性

自国に対して楽観悲観あり。国自慢《くにじまん》と国嫌いと並び存するが、冷静に考えて我が日本《にっぽん》は世界史に相応の位置を占むるを認めざる能《あた》わず。建国以来、漸次《ぜんじ》発達し、島国を以て元軍と内地に戦い、明軍と対岸に戦い、常に大陸の大国と頡頏《きっこう》し、遂《つい》に清軍に勝ち、人口七千万を計《かぞ》え、文化において東大陸《とうたいりく》に率先し、西大陸と馳《ち》逐《ちく》する勢を呈《てい》するは、他に何の欠陥あるにせよ、人類の進歩に与《あず》かること少なからずと謂《い》うべし。

古今東西、一層国力を張大《ちょうだい》せるあり。一層文運《ぶんうん》を進展せるあるも、要するに期間長からず、日本のごとく久くしていよいよ熟するは稀有《けう》の例に居る。

日本は如何《いか》にして斯《かく》のごとくなるか。種々の事情あるも、主因は普通に言うごとく、よく吸収し能《よ》く同化するに在り。祖先教えを以て立ちながら、儒教を採用し、南蛮を採用し、紅毛を採用し、これを日本化し、日本民族の発展に資せずんば已《や》まず。孔孟《こうもう》も日本に入りて日本化し、陽明《ようめい》も日本に入りて日本化し、釈迦《しゃか》や、外道や、皆日本に入りて日本化せり。あるいは模倣を以て半開《はんかい》民族の事とし、日本の猿真似を罵《ののし》るが、その単に猿真似を以て終らず。模倣以上に出で、出藍《しゅつらん》の域に入るは、かつてこれを罵《ののし》りし者が後に孜々《しし》警戒するを以て察すべし。

フビライは儒教、道教、仏教、西教の自由宣伝を許し、人がその一を択《えら》ぶべきを勧《すす》むるや、彼答えて曰う。「四教おのおの自ら真実と称す。悉《ことごと》くこれを許せば何辺かに真実あるにあらずや」と。彼の度量《どりょう》は領土の大なるごとく大なりき。元寇の変、元僧《げんそう》祖元《そげん》鎌倉に住み、間諜と疑わる。時宗がこれに師事して替らざるは、度量フビライに譲らず、大事を決定せる所以ならずや。戦国終息期に出でたる秀吉、封建破滅期に出でたる隆盛《たかもり》ら、互いに性格を異にしつつ「海濶従㆓魚躍㆒、天空任㆓鳥飛㆒」の概あるにおいて一致す。これ我が雄大性を表示する者。これに較《くら》べて小なるかな、疑心暗鬼を生ずるの徒。

（「日本及日本人」より）

# 日本と大陸

「三国」という語が何代に出でしにや。「三国伝来」といい、「三国相伝」といい、那須野《なすの》の殺生石《せっしょうせき》に伴い、『三国妖婦伝』の作らるるなど、世界の国といえば三国を挙げ来《きた》れり。三国とは日本と唐《から》と天竺《てんじく》にして、後の二者は今日支那およびインドと称する所。夙《つと》にそのおのおの地広く人多く、我が幾倍に上り、文物技芸において優《まさ》るを知りつつ、三国と言い習わし、特に権衡《けんこう》を失うを覚えざりき。漢学者が唐の遥かに日本に優るを思い、僧侶が天竺の更に唐に優るを思い、小島国なる日本を以てこれと比較するを気恥かしく感じ、往々比較を誤るの甚《はなは》だしきを指摘せしに拘《かかわ》らず、世間一般に三国の対立を認め、疑を挟《はさ》まざりしこと、多数の無識《むしき》なるが故《ゆえ》か。また識者なる者の考えおよばざる趨勢《すうせい》の存在し、無識者が無意識にてこれに触れたる所あるか。支那の記録に拠《よ》れば、日本は東夷の一にして、高麗と同等、領域において支那の一省に過ぎず。インドに至りては、支那もその何状《なにじょう》なるやを確かめず、十万億土の極楽と混同せる者あるも偶然ならず。日本にてこれらと対等とするは、神国といい、皇統連綿というを以てし、実際の国力において比較し難《がた》きやに考え、漢学者は夜郎自ら大いにするの類なりとせり。実に唐天竺といえば到底企ておよばざるがごとく、これと対等とするの瘠我慢《やせがまん》らしく感じつつ、遂に対等を考えざらんとして得ず。ややもすればこれに優るを思い、三国一の富士、三国一の婿《むこ》など、三国一と称すること多し。

国内のみにて言う所とするも、何辺かに信じて疑わず。如何にするも高麗《こま》と同じく支那に附属すべきを考えず、少なくとも独立国たるにおいて対等なるを信ぜり。斯《か》かる事は何国も独立を維持する間に考うる所、南洋の島嶼《とうしょ》に在りても同じく然りとし、アジアにおいて現に日本と支那とインドとが三大要素を形づくりつつあるは何ぞ。

古来大陸に幾多邦国《ほうこく》の興亡し、中にバビロンのごとく、古代文明に先《さき》んぜしあり。アラビアのごとく、中世文明に貢献せしあり。モンゴル帝国のごとく渤海《ぼっかい》よりバルト海まで駅路を以て巨大の領土を貫通せしあるも、いずれも僅《わず》かに遺跡を見るのみにて、他の雑多小国に至りて全く言うに足らず。ただ彼のいわゆる三国なるものが大陸史の骨子を形成し来れりとすべし。支那およびインドは現にある勢力を保有し、これに刺戟《しげき》を与うるに足るは一の日本にして、支那人は日本を敵とし視ることあり、味方とし視ることあり。インド人は日英同盟にて独立に不便なりしを歎《たん》じ、得べくんば日本と共にアジア人の興隆《こうりゅう》を計らんことを欲す。

日本現在の力は大いに為《な》すこと有るに足らざれど、国際間に処し、支那およびインドに優るとも劣らず。支那や、インドや、富源《ふげん》において無尽蔵と称し得べきにせよ、国際間において日本の一諾《いちだく》を得るに若《し》かざることあり。兵力のみの事ならず、政治も、教育も、商工業もこれに優るを認めらる。支那や、インドや、固有の文明あるに相違なく、永く賞讃を値《あた》いするも、現代に何と言うべきか。日本の学術は未だ称揚するに足らずとし、医学医術のごとき、米国が欧洲よりも日本に注意するの状態にして、日本が独り医の進歩せるかといえば、然らず。医学こそ進歩したれ。治療の効果に関してすこぶる疑うべく、その程度の進歩ならば、他に幾種をも挙《あ》ぐるに難《かた》からず。医学医術の必要として求められ、而《しか》して眼に視て知り易きこと、なお絵画の娯楽として求められ、而して眼に視て知り易きがごとし。医が進歩せるの明らかなれど、他も概《おおむ》ね多少の発達を遂げ、中に幾許《いくばく》か世界の専門家の注意するあり。

日本はアジアに必要にして、もし日本なからんか。アジアはただ徒《いたず》らに地広く人多く、文明あるも過去の文明、現在は過去の遺物に過ぎずと見做《みな》さるべし。支那は今後ある部分の劇変し、驚くべき発見発明なしと限らざるも、その出でざる以上、未知数とせざるを得ず。日本が存在せざれば、支那は既に若干国にて分割し、さなくも共同管理の実を挙げつつあるべく、ただ若干国が日本を圧屈《あっくつ》するだけの兵力を東洋に差し向け得ざるの故を以て、早く着手せず。たまたま世界戦役に取り紛れ、支那の動揺するままに任《ま》かすのみ。今は露国が内治を整うるに急、他国に力を伸ばすの余裕なきも、日本の了解を得、インド人の独立運動を助くれば、英国は何を以てこれを防ぐべきや。かつて三国といい、中に就《つ》いて日本が最も微弱なりと知られ、今は三国といい、日本が最も力ありと謂わざるを得ず。実際に力の足らざるを憂《うれ》うるも、三国と称し、何ら権衡を失うを覚えず。日本が大陸を知りてより、三国と称し、自らその一を以て居り、他に日本大の国の幾個も存在するを顧《かえり》みざりしこと、決して誤りたるにあらず。進めば進むにて不足を感ずるの習い、現在の日本にて心細く感ずべき事の種々《しゅしゅ》なりとし、祖先が三国と言い習わせるのあながち誇大ならず。斯《か》く判断するの能力あり、妄《みだ》りに枉屈《くっせつ》せざるの精神あり。以て後の進歩を遂げたるを認むべし。

祖先が今日の発達を遂《と》ぐるを意識せざりしも、三国と言い習わせる事その事が無意識的に発展の趨勢《すうせい》を辿りたるにあらずや。無意識的と言うものの、祖先の為《な》せる所を観るにあたかもある暗示を得、進むべき適当の道を進み来れるがごとく、時として横道に入り、あるいは空《むな》しく滞留するも、遂に全く道を失うに至らず。欧洲の英国に較《くら》ぶれば、平穏無事に経過せりとすべく、アジアにおいて比較的最も敢為勇往《かんいゆうおう》の気質ある者が集まりて民族を形成するに至れるなり。

島に住居する者は、陸土が沈みて取り残されたるか、または新たに運命を開拓せんとして来住せるか、いずれかに居る。前者は気力に乏《とぼ》しく、後者は気力に富む。同じく島にても、単に小島より小島に移るは同一の事を為すに過ぎず。気候の順適し、生前に愉快なる地に移らんとし、渺茫《びょうぼう》たる海を越えて渡るは、多少の勇気なくして敢えてすべからず。アジアの東方および南方に大小島嶼の断続するが、台湾以南、フィリピン等、熱帯に慣れし者に適し、その他に適せず。温帯の気候を好む者は日本群島の最も適するを思う。大陸にて多少の文明を現すに堪え、而して日本あるを知りてこれに渡れる者は、単調の生活を厭《いと》い、進んで何事かを成さんことを欲すべし。日本に来住せるは何種族なるか、何方面より最も多く入り込めるか。今日これを詳《つまびら》かにするに由なく、ただ大陸より来住し、敢為勇往《かんいゆうおう》の意気を備うるを断定すべし。

孔子が筏《いかだ》に乗りて海に泛《うか》ばんと言えりしは日本あるを知りての事ならず、秦始皇が徐福《じょふく》をして薬を求めしめしも日本あるを知りての事ならざれど、いずれも大陸を離れて住居に適するの地あるを知り、理想的の生活を送り得べきかに考えたるなり。漠然《ばくぜん》東海といえば、何の島たるを言い難きも、山東にて島を語る場合、日本の外にあるべくも無く、台湾や、フィリピンや、大陸に住居するに優るを覚えず、同経度の大陸に劣らずとするのみ。大陸に特殊の趣味あり。これを好む者の相応に多しとし、沙漠《さばく》の沙風《すなかぜ》に吹き捲《ま》くられ、日本に来りて愉快を感ずるも少なからず。「豊葦原千五百秋瑞穂之地」といい、「浦安国」といい、「細戈千足国」といい、「磯輪上秀真国」というは、充分に意義の判明せざるも、満足の意を表せりとして謬《あやま》りなかるべし。時に人の往来してその白沙青松《はくしゃせいしょう》、花咲《わら》い鳥歌うを語るを聞き、心大いに動きつつ、風波《ふうは》の危険を恐れて敢えて発せず、たまたま海を越えて移住するは、環境を一新せんとして危険を冒《お》かすを辞せざるなり。

大陸には生涯舟中に生活する者あれど、斯かる習慣に養われたるに出で、海上生活より陸上生活に変ずべきを思わず、陸上に生活するは墳墓《ふんぼ》の地を離るるを欲せず。もし日本に移住せるあらば、交通便利なる時代と違い、冒険的意気に富むの徒ならん。北欧地方より英国に移住せし者のごとく略奪を敢えてせず、それだけ慓悍《ひょうかん》と称すべからざるも、幾許か大陸に生活する者と趣を異にするを察すべし。支那の北方に住居する者は慓悍を以て名あり。匈奴《きょうど》は最も慓悍を以て知られ、燕趙《えんちょう》に悲歌慷慨《ひかこうがい》の士多しとするも同一事情においてす。朝鮮に移住せる者もこれと多く隔たらず、更に日本に渡れるは種々の事情よりせる中、危険を危険とせず、現在に優るの生活を送らんとする意の強かるべし。対馬より壱岐、而して九州、渡海のすこぶる容易なるに似て、ドーヴァー海峡を渡るよりも遠し。英国に渡りし者ほど海賊の性質を帯びざるも、生活を善くするに鋭意猛進するの傾向あり。延いて日本に在りて大陸の優るを知るや。これと同等以上に出でざれば安んずる能わず。

日本に住居を定め、大陸に移るの極めて稀《ま》れなるは、大陸の風土を悦《よろこ》ばざるなるが、これを悦ばずしておよそ大陸の優れる所を悉く得んことを欲す。欧洲にては、英国が大陸に近きにも因《よ》れど、大陸に出征せること幾回に上り、大陸の兵に征服されたることも幾回に上る。日本は大陸に出征せること幾回に上り、大陸の兵に征服されたること全く無し。大陸に出征せるは、何らか我が無き所の物を得んとし、謂わば採長補短の意を以てせる者にて、神功皇后の事は史実明らかならざれど我より大陸に求めしは確かなり。記録のごとくんば、新羅が熊襲と結びしとの事にて、あるいは斯かる事もありたるべけれど、一たび中央政府の下に半島と交通して以来、常に日本より働きかけ、半島より働きかけず、島国が優勢と定まれり。島国が半島よりも造船および航海に長ぜしにや。我より進みて半島より得べき所の物をほとんど悉《ことごと》く得、始めて支那と交通せる頃、支那と甚《はなは》だしき差異なきまでに文物の進歩を遂げたり。数百年間半島と交通しながら、直接に支那と交通せざりしは、日本にて交通の必要を感ぜず、支那にて交通の余裕を生ぜざりしなり。

日本が倭国の名において国家の形を成すの知られしは漢代よりし、特に後漢よりし、而して三国以後、南北朝を通じ、内乱に忙しく、他国との交通を考うるの暇なく、交通も安全とするを得ず。日本は半島より輸入すべきを輸入すれば足り、半島も日本と支那とを媒介し、利益を得ること多く、これを直接交渉にするを欲せざりしならん。六朝に多少見るべき事あるも、大いに見るべき事なく、半島と大差なき状態というべし。隋にて一統するにおよび四隣と交通の路を開き、日本との交通をも考えたるべく、文帝は勤倹にして妄《みだ》りに事を起さず、煬帝《ようだい》が帝王の栄華を極め、秦皇漢武《しんこうかんぶ》を淩《しの》がんとし、四夷八蛮をして来朝せしめ、以て威力を示すを欲す。

日本にて推古天皇の朝、聖徳太子が遣隋使を派遣せしは、商人肥富の勧めに因りしとの事なるが、支那朝廷の習慣として来朝を促《うなが》し来りしにあらざるか。勧誘する時に甘言《かんげん》を以てするの常にして、公然の儀式にこそ来朝の旨を明らかにすれ、優遇して好む所を与え、歓心《かんしん》を得るに努む。甲に対すると、乙に対すると、言語の調子を異にし、双方の満足を計《はか》るは、訳官の任にして、漢の盛んなりし時、匈奴に敬語の限りを尽くし、国内にこれを夷狄《いてき》扱いにせり。煬帝自ら四夷をして来朝せしむるの意なるも、四夷が妄りに頭をさげて来朝するや、すこぶる疑うべき所に係り、勧誘の任に在る者が時と処とに応じて宜《よろ》しきに処せざるべからず。日本より小野妹子を遣せるは、隋より勧誘し来りし為めにて、勧誘者は対等の関係なるべきを称し、日本紀に、「東天皇、敬白西皇帝」といい、隋書に「日出処天子、致書日没処天子」というがごときを致せるなるべし。そのいずれの事実なるやが不明とし、対等の礼を以てせしは確かなり。勧誘者は藩属《はんぞく》の形にて到底日本より使節を出ださざるべきを知り、斯かる調子にて可なるを言い、自国の朝廷に何らか取計うべき筈に定め、事情が許さずして手筈《てはず》の狂い、煬帝の不快を買えるなるべし。煬帝の権勢当るべからず、何者も従わざる無しと知らるる時、島夷の一使節が皇帝と対等の言を使用するに至り、帝も驚き、群臣《ぐんしん》も驚き、伝えて隋書に記載せらるるに至る。日本にては、何ら他国の君主に頭を下ぐべき理由なく、当然の事を当然の式に行えるを信じ、少しも疑うこと無し。

対等の辞令を使用せるはあながち聖徳太子の見識よりせず、ほとんど何人も斯くしたるべく、守屋中臣等にして事に当れば、更に自らを揚げ他を抑えたらんも測られず。妹子が帰路隋帝の答書を百済人に奪われ、まさに罪を得んとし、而して天皇がこれを赦《ゆる》し、斯かる事を知られては国辱なりと宣《のたま》わせられたるが、隋帝の答書を百済人に奪われしは、真に奪われしか。ありのままの答書にて使命を辱むると解せらるるがごときことなかりしか。寧《むし》ろこれを奪われたりとし、答書の文面が斯く斯くなりと奏上するの穏当なりと考えざりしか。日本紀の隋帝書中「皇帝問㆓倭皇㆒」とあるは、「倭王」を改めしものなること、「遠脩㆓朝貢㆒」「股有㆑嘉焉」等の字句を以て推すべきが、力の足らざる者は藩属を甘んずるとし、日本は対等ならで満足せず、彼の字句を改めざりしは、当時未だ漢文に精通せざりし故とも解すべし。妹子は鞍造《くらつくり》を通訳とせしが、自らも相応に対話し得るに至りたるべく、後に小野家より代々学者の出で、篁《たかむら》が出で、道風《みちかぜ》が出で、支那の名家と馳騁《ちてい》するに足る。

妹子の渡隋に先んじて聖徳太子が既に憲法十七条を作られ、妹子もこれに劣らざるの学殖とすべく、煬帝の朝にて問題と為れるは、蛮夷の無礼とのみ視られず、応対の宜しきを得、対等の辞令の一理あるを認められしに因らん。妹子が再度使節と為りて行き、而して事なきを得たるは、内部の事情を知り、予《あらかじ》め打ち合わせ、皇帝に奏すると帰りて復命すると、手心を用いしが為めなるべし。隋が唐と為り、遣唐使が往き、留学生が行き、一行概ね二百より四五百、而してその何程の能力なるやは安倍仲麿《あべなかまろ》を以て考うべし。仲麿は十六歳にて留学し、留まること五十余年。高官を得、名家と交わり、日本を紹介し、倭の代わりに日本の国名を通用せしむるに与かれるがごとし。王維がこれを送り、「向㆑国唯看㆑日」と言えるは、国名の由来を知りての事なり。王維、李白らと応酬《おうしゅう》し、而して何故に詩文集の伝わらざるか。その没する際、唐朝にても礼遇厚く、日本にてもこれを厚くし、而して後に遣れる者の少なきは、ある出来事にて散佚《さんいつ》せるにあらざるか。仲磨は文才の秀で、他人の妄りに企ておよばさる所とし、留学生が何辺に到達し得べきやを明らかにす。日本が半島と交通し、未だ他と交通せざる前、二個の文明発現地を認め、すなわち一は支那においてし、一はインドにおいてし、応仁天皇の代に支那の儒教に触れ、欽明天皇の代にインドの仏教に触れ、これに伴うの文化関係の事物に接するを得たり。

支那の影響を受くると、インドの影響を受くると、いずれの多きやは、急に決し難く、もし別々に二者と交通したらんには、従来の歴史とすこぶる異なるを致したるべく、ただ支那を通してインドの影響を受け、支那化せるインドに止め、純粋のインドより受けたる所甚だ少なし。人が多く支那に往き、一人もインドに往かざりしは単に道程の遠きが為めならず。玄奘三蔵《げんじようさんぞう》がインドより帰り、得べき限りを得、而してもはやインドの仏教の荒廃し、特に往くの必要なしと知られたるが為めなるべし。旅行の困難にして、特別に得る所なくんば、好んで往かんとする者なし。されど渡唐者が支那にて仏教を学ぶや、如何に原書を読むもインド文明の真相に接触するを得ず。直ちにインドと交通しては迷信の悪影響を被るの虞《おそ》れあると同時、特殊の利益を得る所もあるべし。支那にて学べるが為め、先入主と為り、文字といえばほとんど全く漢字に限るに及ぶ。万葉仮名を工夫し、更に種々の仮名を工夫し、国語を綴《つづ》るに便益を得たれど、梵字を読むこと多くんば、更に幾層か良好の仮名を工夫し、あるいは梵字を通用文字としたるべし。

仏教の知識を得るには、漢字を以てすると、梵字を以てすると、多くの差異なく、梵字を読むは原書の意義を確かむるのみにて、不立文字のごときに何の益なきも、漢字に重きを置くの弊《へい》を免れ、国文の発達を促し、知識の普及を助くるを得たるべく、実にインドの影響を受けつつ、その文字と没交なるを惜《おし》まざるべからず。仮名もその影響の一なりとし、眼前の便宜を先にし後に不便多し。文明文化に関し、支那より直接に得る所あるが上、これを通じて間接にインドより得る所ありたるが、ただ徒らに交通して甘んぜず、主として我が足らざる所を得るに努めたり。安倍仲磨のごとく久しく滞留せしなく、延《ひ》いて彼のごとく文士と交わり、文名《ぶんめい》を騁《は》せたるなけれど、能力においてこれに劣らずと考うべきあり。仏教において最澄や、空海や、支那に在りても有数の高僧たるを失わず。支那も流派を以て争い、新たに出ずる者が前に行われたるを圧倒せんとし、日本の留学生はその最も新たなるを得て帰り、支那に勢を得たる所にして日本に伝わらざるは幾何もある無し。

唐は儒教の盛んなるに似て、老仏に抑制せられたること、韓愈の言えりしがごとく、日本の留学生が愈の事を伝えざるは、愈が後に賞讃するほど知れざりしならん。菅原道真《すがわらみちざね》が遣唐使たるべき命を受けて辞退し、以後使節も留学生も廃止せるは、唐末の騒乱《そうらん》にて何の得る所なきに出ず。頗《しき》りに唐と交通し、その文物技芸を入れたるは、彼におよばざるを知り、これに学ばんとせる者にして、唐の衰頽《すいたい》し、特に学ぶべき無くんば、また重んずるに足らず。支那は大国なるが故に尊ぶべしとせず、何らか学ぶべき者あるが故に学ぶべく、学ぶには国の大小を問うことなく、而していやしくも学べば必ずその教うる処に到達すべきを信ず。初め三韓を征せし時、これを弱小とし侮蔑しながら、鋭意その文物技芸を得んとし、朝廷の制度礼式を改定せること多し。幾代か隔絶し、風俗粗野、知識低劣を免れず。勇気を恃《たの》むも、他の優るを認めざるがごとき頑固ならず。およそ我に優るは如何にかして学ばんことを望む。

当初学ぶに急にして、模倣を専《もっぱ》らにし、美醜《びしゅう》を混淆《こんこう》するが、根底において自ら発展するの意よりし、最後に我が必要とする所の外に出でず。隋唐と交通し、極力これに倣えるにおいて、爾後《じご》すこぶるこれと歴史を異《こと》にするは、ただ徒らに模倣せざるを証明せずや。一応全く他の写しなりと見え、事実において類似するよりも類似せざるの遥《はる》かに多きを認めざる能わず。王朝にて唐に学ぶべき限りを学ぶを得、更に学ぶべき無しというに至り、特殊の制度を作り出だすに及べり。もし唐の文明が一層優りたらば、日本が史に進歩したるべく、インドの文明が一層優りたらば、日本が同じく更に進歩したるべく、大陸の文明が彼の程度に止まりしは、日本の文明の為めに不利益なり。更に一層劣りたるよりも幸福なれど、今一層優りたらんにはと、惜しく思わざるを得ず。同時代の欧洲は外形においてこれに優らざるも、進歩すべき要素を含み、英国が大陸に得る所、日本が大陸に得る所よりも多し。

一国にて文明の備わり、その進歩すべきを望むは、望むべからざるを望むとすべく、米洲のメキシコのごとき、ペルーのごとき、要するに彼のごときのみ。筋肉の労力を以てせる大建築物はこれ有り。遂に鉄を使用せずして已《や》む。欧洲列国の進歩は相い互いに他の長を採《と》り、これを活用せるが為めにして、後に文明国を以て称せらるる者も、他の刺戟《しげき》を被《こうむ》らずんば何程の進歩を遂げざらん。如何に欧洲列国が互いに他の影響を受けたるや、共通する所の多きを以て知るべし。英国は幾回も侵略され、自らも出でて侵略し依りて得たる所多し。ローマ時代の遺跡が今なお存在し、海賊の遺跡も尋ぬべし。人が朋友《ほうゆう》の影響を受くるがごとく、国もまた然り。人にして孤立するあると同じく、国も然るありとし、いわゆる武陵桃源に過ぎず。武陵桃源は秦代より幾代を経て何程の変化なし。日本の文明は模倣的《もほうてき》なりというも、文明国の名ある者にして、何国が全く他を模倣せざるか。

模倣は列国普通の状態にして、模倣に急なるは進歩に熱中する所以にして、ただ単に模倣するに止まるか、模倣して更に何物かを加え、模倣と見做《みな》すべからざるに至るかにて区別すべし。何国も互いに接触する以上意識的もしくは無意識的に模倣するなきを得ず。最も頑冥《がんめい》なりと称せらるる国も多少模倣する所あり、あるいは意外に多く模倣するに至る。何国も他と接触し、全く他を模倣せざる無く、また悉く模倣して充分に同化する無し。幾許か模倣するを見単に模倣を事とするを考うるは偏するも甚だし。従来日本の文物を観察するや、大陸の模倣に重きを置かざる無く、ただ模倣しておよばざるを恐れたりとするが、仔細に観察すれば模倣するの少なくして、模倣せざるの多きを知り、あるいはその余りの多きに驚くべし。もし支那が更に優秀ならば、頻《しき》りにこれを模倣するの得策にして、模倣の足らざるを憾《うら》むべきも、それほど優秀ならず、模倣の少なきを憾むを要せず。如何に日本が支那と異なるや、歴史に徴し、現状を観て知るべき所にして、王朝時代の制度は唐に則り、その他に出でずと見えつつ、苦心して取捨せるを考うべし。

日本に天皇の尊号の出でたるは、唐の高宗上元《こうそう》元年に皇帝を天皇と称せしに関連するがごとくなれど、唐に皇帝を天皇とする時、皇后を天后とし、而して日本に天皇あり、天后なきは何ぞ。且《か》つ唐が間もなく皇帝皇后と称し、爾来《じらい》永く斯く称するの例なるに、日本が天皇と称して渝《かわ》らず、后を皇后または中宮とせるは、特に神代の天に基づき、三皇本紀に「天地初立、有二天皇氏一」とあるを参照せるにあらずや。日本紀の隋帝に復する書に「東天皇敬白西皇帝」とあるが原文のままならば、「天皇」の称は高宗の「天皇」と全く無関係にして、東の天皇と西の皇帝とを対立せしめし者とすべし。普通ならば秦以後の例に倣い、皇帝とすべきに、敢えてこれに倣わず、三皇の第一と同じくせるは、軽々しく倣うを欲せざるなり。漢字を二箇並べ、何々天皇と称するは仁明天皇以後の事にして、支那の書に拠れるなるも、支那の帝号と異なるは明白。日本特別の例を開けりと謂うべし。

官省の区分より百官の名称まで唐に則《のっと》れりと知られ、時に唐と同様の官名を使用したれど、最も高くして最も久しく行われたる太政大臣、左右大臣らは支那と同じからず。単に他を模写せりとすべからず。なお模倣の念の絶えず、模倣せざるは模倣せざりしにあらず、能わざりしなりとし、原型と異なるの多きを認むべし。

支那は有史以来代を経ること久しく、比較的形式の整備し、形式の整わざる国においてこれに倣うの有利なれど、形式の整備するのみにて、内容充実せず、豊富ならず、緊密ならず、文武の才高く前古《せんこ》に出ずと称する唐太宗が、帝範十二篇を作り、「一日不諱、更無レ言矣」と言いながら、没して直ちに事変の起り、爾来変乱の絶えざる程にて、歴代内憂なければ外患あり、多くの場合に内憂外患並び起り、これを処置するに苦むこと、勢の已むを得ずとは云え、制度も時勢に適せずとし、何らか制度の欠陥に帰せざるを得ず。支那に倣うものがほぼ同一の結果に終わるの順序にして、日本の王朝時代は世襲的に継続し、隋唐と来歴を異にし、それだけ安定を得たるも、公卿政治にて奥羽の果てより九州の隅まで平穏にすべくも無し。既《すで》に半島より退き、更に辺彊《へんきょう》を武門に任かせ、自ら畿内に権勢を争い、安楽を貪れるは、早晩武門の跋扈を来たす事唐末のごとくなるべきを示す。支那は藩鎮の背後に夷狄《いてき》あり。藩鎮が相い争いて統一せる後、契丹女真蒙古の兵を蒙むれり。

日本にて王朝が支那の制度に則り、平氏に覆《くつが》えされ、源氏に覆えされたるは、その一点において径路《けいろ》を同じくせりとすべし。支那にて一層優れる政治的模範を示したらんには、多少歴史を異にしたるべく、王朝時代の漸次衰微《すいび》を呈せるは、大陸に多く学ぶべきもの無く、自ら新たに工夫せざるを得ざるに及べるなり。宋は唐の詩に次で文の興れりとし、日本は専心《せんしん》これを学ぶよりも更に急務の逼《せま》りつつあるを覚ゆ。日本にて官文書に漢字を使用し、これを駆使するに長ずるあり。既に安倍仲麿が支那の第一流に匹敵するを証し、漢文に上達する可能性の充分なるも、仮名の相当に普及し、漢字と並び行われ、特に和歌の盛んにして漢詩を凌《しの》がんとするに至る。

政治的に宋が契丹《きったん》に攻められ、女真に攻められ、遂《つい》に二帝を始め、皇族三千余人、金帛宝玩《きんぱくほうがん》と共に悉く敵の手に落つと知れては、日本において何の倣うべきあるを知らず、ただ新たに興隆せる禅宗に就いて学ばんと欲するのみ。既に大陸は夷狄が中国を亡ぼすの状態にして、特に参考にすべきもの無く、我が国は我が国にて当面の必要に応じ、事の宜しきを制すれば足り、征夷大将軍の下に幕府を形づくり、執権なる者が実務に当り、中外《ちゅうがい》の事を決定し、蒙古が大陸に威を振い、日本に逼り来るや、執権が断然これと開戦するを辞せず。将軍といい、執権といい、他を参考にせず、海内《かいだい》を平定するに斯くするの最も有効なるを認め、幾代か継続せし制度を廃し、新に幾代か継続すべき制度を確立せり。執権が権を失うに至り、南北朝に分れ、相い争う事半世紀。一時平定して更に紛乱《ふんらん》し、二世紀を経てようやく平定し豊臣後に徳川時代の出で、その徳川時代が支那の清朝とすこぶる異なるを観れば、日本が大陸を模倣せしの何の程度なるかを察するに足る。

徳川時代と清代と相い似るの多きや、相い似ざるの多きや。幕府の官名にて支那に基づくの種々なるも、概ね本来の意義と違い、支那人が読みて何を意味するやを解せず。漢字が復興し、儒者が漢名を使用し、幕府を柳営とし将軍を大樹とし、京都を洛陽とし江戸を東都とし、人名を支那流にしたれど、多少漢学書生の間に行われ、一般に全く与り関せず。武蔵守《むさしのかみ》が武蔵と関係なく、安房守《あわのかみ》が守房と関係なく、一種の称号なるがごとき、全く日本国内に成れる制度にして、支那の制度に精通せる者の解し得ざる所なり。而してその制度が誤りにして為めに損するの多きかと問うに、明治維新に王政復古と称し、王朝時代の制度を回復せるを以て、支那の制度の優れるを知るべきに似たれど、一時王朝の官名を使用せるに止まり、実際上に関係少なく、且つ明治十八年に改革し、太政官を始め、王朝の官名の大部分を廃し、ただ文部省大蔵省というの幾分か名残を留むるのみ。その代りに欧米の制度を参考にし、依りて得る所多しと云うが、支那制度より欧米制度へ移れるにあらず、特殊の情勢の連続して自然に変改し、時に隋唐を参考し、時に欧米を参考にせるなり。参考するに臨み、取捨を誤ること無きにあらず、取るべきを取らず、取るべからざるを取ることあり。これを誤らずんば、更に国力を増進し得たりとすべきが、誤ってようやく改むるに努むるの習わしあり、決して永く悟らざるにあらず。もし他国と接すること一層近く刺戟を受くること更に多くんば、王朝時代も彼のごとくならず、北条足利の時代も彼のごとくならず、豊臣徳川の時代も彼のごとくならず、幾百年か進歩を早めたるべきも、国情《こくじょう》の許す限りにおいてほぼ進むべき道を辿り来れりとすべし。

日本が英国の位置に居らば、社会の状態が今のごとくならず、英に較べて国力の足らざるは、大陸より離るるの比較的遠きに因ること多し。日本が大陸より得るの少なきに拘らず、現に世界の一要素を形づくること、民族の相当に力あるに帰せざるべからず。その力の更に多くんば、幾段の発達を遂ぐべけれど、そこまで望むを得ず、地勢以上ならず、また地勢以下ならず、いずれかとならば幾分か地勢以上というべし。前にアジア大陸より得る所あり、後に欧米より得る所あり、日本自ら何の貢献ありやと云うが、単に他より得るのみにて今日のごとくなるを得べきにあらず。あるいは本来文明文化の恃むべき無きが故、他より得るの容易なること空韅《あきびん》のごとくなりとするも、空韅は他に幾箇もあり、すこぶる便利なるもあり。而して日本と同じからざるは、空韅のみを以て説明すべからず。

朝鮮は日本の約半分にして、日本と支那との中間に居り。もし事を処するの宜しきを得たらんか、相応に力を伸ばし得たるべし。支那が日本のごとく維新を遂げざるは、固有の文明文化ありて他を吸収し難きに由ると云うが、近年これを破壊すべしとの運動あり。欧米人が東洋人を以て固陋頑冥《ころうがんめい》とせるを反証するは何の為めか。支那に種々の事情あれど、固定より急進に移り、急進より固定に移り、連続して進歩せず、痙攣的《けいれんてき》に動揺するの嫌いなきか。古来急激の改革を敢えてせしもの稀《ま》れならず、王莽《おうもう》のごとき王安石のごとき、著しき例に居る。もし期月にして成るを望まず、順次準備を整えたらんには、見るを値いするに至らざりしと限らず。支那は新たなる試験を完成するに余りに広く、同一事を反復する観あるは、人なきにあらず、土地が試験を許さざるならん。日本は今日こそ土地の狭きを憾《あわれ》むれ。過去において欧洲のいわゆる国家の彊域《きょういき》に適し、国家的試験を敢えてするに便利にして、支那ならばある一部分の準備するも、他の大部分が応ぜざるをば、日本にて漸次準備し、ある期間を経て実現するに堪う。

日本は支那の文明が移り来り、これに代りて欧米の文明が移り来れるのみにあらず。自ら特殊の国家を形成し、文明文化においてそれ相応に発展し得たるなり。既に国家としてアジア大陸に類を見ざる所は、また欧米に類を見ざる所にして、その利害得失は別とし、文明文化において徒に模倣するのみならざるを考うべし。特殊の国家は民族特殊の性格にて成り、民族が徒に模倣を能事とせざるを証す。日本人は模倣に専らなりと云うも、何処の何事を模倣して現在の国家を形づくるに至れりや。今は欧米に倣うこと多きも、かつて隋唐に倣い、ただ倣うの足らざるを恐るるがごとく、而して支那とすこぶる異なる面目を発露するを顧みれば、今後もまた空しく倣うに止まらざるを察し得べきにあらずや。

制度は国民生活の必要に出で、実際の事情に適応するの怪しむべくも無く、文化的事業はこれと違い、他を模倣して足るとすべきが、支那を学ぶ事彼のごとく、寧ろ極端と謂うべくして、漢字がある程度まで拡まり、余は仮名にて補わざるべからず。漢詩漢文が盛なりしも、芸術として和歌俳句の拡まり、浄瑠璃《じょうるり》および小説の盛んなるを致せり。和歌俳句は長篇の漢詩のごとく労力多からず。実に漢詩中すこぶる長篇なるあり、往々数千字に上るも、詩の妙味が長篇に在りや、短篇に在りや、また長短を問わざるや。何らかの力なくして長篇を作り得ざるも、必ず長篇ならざれば、詩才を発揮し得ずとせず。漢詩にて人の最も歎賞《たんしょう》するは何の種類か。もし長篇を称すべくんば、世界の如何なる詩もインドの二長篇に若《し》かず。斯かる長篇は如何に長くし得べきかを示めすの例と為すべきも、雑駁《ざつばく》にして悉く読むに堪えず。これを幾分一に縮小するの更に妙趣を発揮するを覚ゆべく、いよいよ縮小して何処まで達すべきや。日本の和歌俳句が短きに過ぎ何らか長篇を欲求するも、大陸を離れて相応に趣味を養い得たるを疑うべからず。余りに短くして複雑なる感想を表明するに堪えず、千篇一律に流れんとすれど、中に傑作と称すべきあり。数こそ少けれ、如何にするとも翻訳し難く、単に日本語を以てし、日本の地に在りて鑑賞すべし。日本の小説に支那を模倣せる跡あるも、一概に模倣とするは過誤《かご》なり。

　模倣としても、第一の傑作を模倣するは卑むべきにあらず。『水滸伝《すいこでん》』百八十回は、支那にて質と量とに優るを称するが、建部《たけべ》綾足《あやたり》が、『本朝水滸伝』百回を試み、早く没して果さず、瀧沢《たきざわ》馬琴《ばきん》が『八犬伝』百七十七回を完成せるは、当時知り得たる伝奇小説の絶頂に達するの抱負と気力と才幹《さいかん》とを示す。いずれも『水滸伝』より暗示を得たれど、徒らにこれを模倣せず。優劣の批評は兎も角、材料と結構と趣味とを異にするを掩《おお》うべからず。且つ文化文政頃、支那に倣《なら》いこれに拮抗《きっこう》し得たりとし、更に年代を経、それ以上に進まずと限らず。新たなる刺戟を受けずして進歩の困難なるは何国にも見る所。欧洲にて文芸の進歩せるは、他国の刺戟を受くるの多きが為めにして、もし刺戟の少なからんには、世界の傑作とし称し来れる所の出でたるやを疑うべし。日本にて大陸に学ぶは、自国に欠く所を得るの意よりし、国の大小強弱を問うこと無し。初め三韓を伐《う》ち、力を以て勝つべきを知りつつ、およそ得べき所を悉く得んとし、後に支那と交通し、いよいよ多く得んとせり。されど如何に多く他より得るも、力においてこれに劣るを思わず、いやしくも戦うべき場合に戦うを辞せず、余儀なく守るよりも予め必勝を期するがごとし。何の恃《たの》む所ありて戦えるか、始めて三韓を伐ちし時武力的事業のこれに優りたるか。

アジアに鉄器を使用するの何の順序においてせるやの明らかならず。金扁《かねへん》に夷なるを鉄とするは夷より来りし鉱物なるが故とするは、必ずしも牽強附会《けんきようふかい》ならざらんが、支那が何時如何に鉄を使用し始めしや、日本が朝鮮南半よりも早く鉄を使用せしや、これを確かむるを得ず。されど唐が一統の力を半島に及ぼすまで、日本は半島の一部を領有し、唐と戦うの用意し、もし斉明天皇の朝、宮中が一致して事に当らば、決して撤退を余儀なくせられざらん。半島が隋と戦いて屈せず、唐と戦いて一時勝ちしより推せば、日本にて唐と戦うも無謀なりとせず。既に久しく平和の続き、顕栄《けんえい》の徒が自ら海を踰《こ》えて戦うを欲せず。天智天皇は大海人皇子に疑いなきを得ず、皇子は内地にて不自由を感ぜず、海外に戦うの利害相い償わざるを考えられたるべし。軍職を帯ぶる者は関東を開拓し、奥羽に及ぶの有利なるを認めたり。唐と交通し、その軍容の熾《さか》んなるを観、軍事に就いて知識を得るに努めたれど、実際に何程得る所ありたりや。

大江匡房《おおえのまさふさ》が源義家《みなもとのよしいえ》に兵書を教え、義家が雁《かり》の乱るるを見て伏あるを知りしと伝うるが、仮にこれを事実とし、義家が孫子を読まずして伏を知らざるべきや、すこぶる疑うべし。雁の乱るるは伏と限らず、鳥の飛ばずして伏あることあり。義家が偶然にも雁の乱れて伏を見出せるやも測り難けれど、全く読書せずしてそれ位の事を識別するの能力あるを断定すべし。源氏の武将は代々兵に長じ、義朝《よしとも》や、為朝《ためとも》や、読書せずして善く戦えり。義経《よしつね》が如何にして軍事に通ぜるや。鞍馬山にて兵書を読みしと云うの事実なりや。事実として何程の益を得たるべきや、軍事における天才と称するの外なかるべきや。支那より種々の武器の輸入あり。日本にて武器の取捨を行い、ほとんど弩《いしゆみ》を用いず、栯も支那と使用法を異にせり。而して刀は量を重くするよりも質を良くするに努め、青龍刀のごときを用いず、刀刃を鋭にし、いやしくも触れて斬らざるなきを期す。弓は束を中央に置かず、その下に置き、弾力を強くす。支那に精鋭の武器あらば、日本はこれを採用し、それだけ武器に進歩したるべく、支那が軍事の進まざりしが為め、日本も依りて益するを得ざりしとすべけれど、日本にて支那兵の恐るるに足らざるを知りしにや。前に唐と戦うに決定して準備し、後に元使を斬り、国交を断絶し、戦うべきに定めたり。

大陸の事情に精通せざる所もあらんが、戦い得べきは真実にして、蒙古兵が二十万海を渡り来り、兵站《へいたん》を整えること極めて困難、我において間断《かんだん》なく兵を以て脅かさば、奔命《ほんめい》に疲れ窮状に陥らしむるを得べし。鎌倉幕府において一々計画せざるも、直覚的にこれを見抜きたるべく、後《あと》より顧みれば元と戦うのは無謀ならず、元の出兵を以て無謀とすべし。元が再挙を断念せるは、さすが事を慮るの智あるなり。されど日本にて元と戦い、早くも敗敵の戦術および武器を視、その長所を学ばんとせり。孫呉の兵法にも密集隊形を作るべき筈なるが、支那にて夙に密集隊を使用しつつ、その効用甚だ少なく、ただ隊伍を組むというのみ。元に至りて実戦の経験を積み、密集隊を以て進退し、機を見て全力を集中せんとし、いやしくも集中して突撃し来るや、ほとんど当るべからず。日本もこれに考うる所あり。名乗りを揚げて、一騎打するを廃し、隊伍を以て戦うに定め、遂に隊伍の編成に興味を感じ、甲越両軍が頻《しき》りに工夫を凝らせり。

日本は元寇にて新たに経験し、戦国時代に実演し、豊臣時代にすこぶる兵の強きを致し、而して朝鮮に明と戦い、数次不利に陥れるは、種々の事情ある中、明が元にて経験を得、支那が唐宋よりも兵を強くせるを挙ぐべし。宋ならば到底彼のごとく戦うに堪えざるが、明が極力日本と戦うの結果、国内疲弊し、流賊蜂起し、遂に政府の破滅を招くに及ぶ。清朝の興れるは、内乱に乗じ、鷸蚌《いつぼう》の利を獲《え》たるに過ぎざること、明の遺臣が言えるがごとし。遭遇戦《そうぐうせん》にて関ヶ原役、攻囲軍にて大阪役、共に戦略の大いに観るに足らずとし、元代を除いて支那に見ざるの戦役と謂うべく、兵数においてこれに優るあり、彼のごとく双方挨戦したる無し。大抵旌旗野《たいていせいきの》を蔽《おお》い、互に威力を示し、恐慌を起せる者が遁走《とんそう》し、風声鶴唳《ふうせいかくれい》に驚くを常則とす。関ヶ原役は戦略よりも政略を以て決したれど、ある時間双方堂々の陣を以て戦えること、天下分目の合戦の名に恥じず。

毛利輝元が西軍の総帥として出陣し、直江兼続のごときが参謀と為らば、一日二日にて決せず、一進一退すこぶる観るを値いしたらん。当時既にポルトガル、スペイン等より種々の知識および器械を得たるが、もし更に多く交通したらんには、全く弓を廃し、多く銃砲を使用し、戦術を一変したるべし。後に絶えずオランダと交通したれど、医療器械のごときを主とし、安寧を脅かすの恐れあるを採用せず、そのまま幾代も経過せり。常に兵を以て大陸と戦い得るを信じながら、戦乱に飽き、これを厭《いと》い、その起こるを考うるを欲せず、幕府も浪人が変乱を煽動するを好まず、文教を普及して殺伐の気風を緩和《かんわ》するに傾く。往昔《おうじゃく》兵を以て三韓を征伐し、文化的事物を輸入せし勢は、幾代を通じて渝《かわ》らず、先入主《せんにゅうしゅ》とも為り、幾分の事実もあり、支那崇拝熱の残存し、以て文明文化の淵叢《えんそう》とし、既にこれを学びてほとんど全く学ぶべき無きに至り、なお学ぶべき者あるを想わざる能わず。半島を失い、いよいよ唐に倣いしは、明らかに他の優れるを認めたりとし、元と戦い、これに勝ちし後、高僧を招き、執権以下これに師事せり。一山は探偵として来りしとも言い、あるいは然るべけれど、探偵たるよりも日本に優遇せらるるの利益多きを覚えたるべし。

　元が亡びて明と為れりとは云え、足利義満が日本国王に封ぜらるの何の為なるやの疑わるるが、義満が事態に通ぜざる所もありとし、明より利益を得たる事少なからず。天皇が国王に封ぜらるるにあらず。首相が国王に対ぜらるる者にて、あたかも首相が外国より特殊の栄典を授けられたるがごとし。義満が種々の物品を明帝に贈《おく》りたれど、彼より更に多く得る所ありしにあらざるや。当時義満が威権赫奕《いけんかくやく》、飛ぶ鳥を落すとも、久しき戦乱にて国内疲弊《ひへい》し、強いて誅求《ちゅうきゅう》するも得る所少なく、而して驕奢《きょうしゃ》の限りを尽くし、なお財政の逼迫《ひっぱく》せずと想わるるは、幾許《いくばく》か明より得たるを以てならずや。元寇覆滅《ふくめつ》以来、いわゆる倭寇なる者が出没し、明がこれを防御するに苦み、義満に鎮圧を依頼し、代償相当の物を贈りたるべく、頻りに義満を賞讃せる語を以て考え、これに贈れる所の少なからざるを察すべし。宋が契丹、女真らに贈りし所の幾分一を以て、能く倭寇を鎮圧し得れば、策のすこぶる得たるものとす。義満が日本の君主なりや否や。如何に明が事情に通ぜずとも事に当る者は多少これを知りたるべく、而してこれを国王に封ずるの策を立てたるは、新たなる例を開けるなり。

義満より考うれば、倭寇を鎮圧し、多額の財物を得ること、事局を済《すく》うに有利にして、明より贈り来る所少なければ、鎮圧の手を緩むれば足り、自ら利益を得るか、海賊をしてこれを得せしむるか、いずれかに居る。後変乱続出して倭寇を鎮圧するに堪えず。明も多事にしてこれを顧慮するの暇なく、遂に双方断絶の姿と為り、秀吉が元軍の半島より来れるを追憶し、半島より明に侵入するの計画を立て、半島にて明と戦い、明において義満の例に依《よ》らんとし、而して秀吉が応ぜず、双方誤解に誤解を重ねるに至れり。されど明において日本の首相を国王と称し、その上に天皇あると否とを問わざるは変ぜること無く、ただ日本において国王号解釈の変化し、天皇を意味すべしとせり。

豊臣時代に国王と天皇とを区別するに苦み、徳川時代にいよいよこれに悩み、あるいはこれを区別し、あるいはこれを区別せず。新井白石のごとき、朝鮮に対し将軍を日本国王と書し、天皇と撞着《どうちゃく》せざるを認む。もはや支那より王号を受くべきにあらざるを知り、支那もこれを授くべきにあらざるを知り、将軍が大君と称すると、国王と称すると、日本の自由と為る。半島における戦役にて支那が何程の刺戟を受けしやの明らかならざれど、執権者を国王に封じて満足せしめ得ざるを知り、これを藩属扱いするに由なく、さりとて対等扱いするの大清国の体面に関すを虞れあり、公然国書を交換せずして過ぐ。されど日本は久しく戦乱の続いて文物を軽んじ、ようやく昇平《しょうへい》の世と為り、渇するの勢を以て学術技芸を迎え、支那より図書を購求するのみならず、たまたま明の亡びて学者の遁《のが》れ来れるを聘《へい》し、いやしくも漢字を読み、これを書き得る者は、能力に応じて登庸《とうよう》せられ、既に林家が幕府に重用せられ、漢学が立身出世の捷徑《しょうけい》なるを明らかにす。需要ある処は、原料および製品の輸入の盛んにして、内地産よりも舶来産の悦ばるる順序なるが、早くも独立の機運の現われ、伊藤仁斎《いとうじんさい》は「市井小臣嘗窃祝。願教文教勝虞唐」と言い、尭舜《ぎょうしゅん》の時代に優るを期せり。他にも諸家おのおの自ら是認する所を以て立ち、党同伐異に忙しくとも、要するに孔孟の言を以て一切教訓の標準とするに決定し、延いて孔孟が聖人と称せる尭舜の出でし支那の何点かに優越の実を備うるを連想せざらんとして得ず。

図書の数よりせば日本は支那と比較するに足らず。図書という図書はほとんど悉く彼より購求せざるべからず。荻生徂徠《おぎゅうそらい》が自ら東夷と称せしに就いて種々の議論あり。あるいは決して自国を卑めしにあらずとするも、一般にこれを卑めしと解するの避くべくも無く、斯かる語を使用せざる者も、他の事は兎も角、文明文化において日本が支那に劣るを許し、これを許さざるを見て無識または負け惜みとせり。もし支那が真に文明文化の優るならば、日本にて成るべくこれに倣うに若くは無く、ただ倣うの足らざるを恐るべけれど、支那がそれ程に優りたるや、頻りに倣い、頻りに学び、而して労して効なき事の多からずや、疑いなきにあらず。日本は大陸と交通して以来、支那に倣い、インドに倣い、標準をその辺に求めしことの種々なれど、根本において自ら独立の地歩を占め、もし意識的にせずんば、無意識的においてせり。始めて歴史を編纂せし時、支那に則りながら、神話に重きを置き、支那と違うを厭わず。

仏教が興隆し、天皇にて三宝奴と称せられしあるに拘らず、叡山の最澄、高野の空海が、神仏混淆に努め、大陸と異なる変遷《へんせん》を遂げしむ。神道は仏教に比して微弱なるも、連綿して絶えず。祠官が多少神道を講究するの外、卜部《うらべ》家にて世襲的に伝承する所あり、以て徳川時代に及ぶ。新たに漢学の興隆する頃、一般知識が進歩し、神道も前のごとく簡単に解釈して安んぜず、神宮の祠官なる出口延佳《でぐちよしのぶ》、および卜部家の教を承けたる吉川惟足《よしかわこれたり》は、儒教を神道に適用し、解説する所すこぶる精《くわ》しく、すなわちかつて仏教を加味せしが上、更に儒教を加味し、儒仏に対抗して下らず。

山崎闇斎《やまざきあんさい》が初め仏教に帰し、次いで儒に帰し、更に神道に帰して垂加派を創《はじ》めたるは、当時物議を招き、淳厚《じゅんこう》なる伊藤仁斎さえ、「もし闇斎が長命せば伴天連《バテレン》とならん」と言えりと伝う。されど闇斎は思想の変遷を一身に経験せし者にして、既に学ぶべきを学べる後、新たに自ら発展せんとし、他の中途に停頓《ていとん》し固定し骨化せると異なるにあらずや。闇斎は事理を列挙し、これを研究するよりも、独断的に決定し、これを信仰とするの傾向あるも、当時仏教において蘊奥《うんのう》と称する所を知り、儒教において権威と崇むる所を知り、以て満足し難く、普通に唐天竺と云う所が必ずしも標準とするに足らざるを認め、更に進んで別に求めんとし、古代神話に出発せし神道に得る所あるを感ぜるなり。もし支那に朱子以外、更に深奥なるあらば、これを学ばずして直ちに神道に移るの早きに過ぐるも、概ね理を窮《きわ》むるにおいてこれと大同小異、陸王《りくおう》の学も煩瑣《はんさ》なる註解を斥《しりぞ》くるこそこれと異なれ。理を指して進む所、および止まる所、特に異ならず。ただ手段に拘泥《こうでい》せず、目的に邁進《まいしん》するだけ、到達点の比較的明瞭なるを覚ゆるのみ。

闇斎が朱子と全然契合《けいごう》せしやは疑問とし、世間の大部分にて朱子学の泰斗《たいと》と見做《みな》せる以上儒教の根本義がここに尽きたりとして不可なく、諸子百家はあるいは博覧に益あり。原理の窮明に益なくんば、いやしくも向上心の続く限り、他に求めざるべからず。諸子百家中、原理の窮明に益ありとするも、当時誰かこれを敢《あ》えてせるや。ただ徒らに経書の註解を争うにとどまらば、闇斎の断然これを脱却し、神道を研究し、これを唱道せること、その向上心の熾んなるを明らかにせずや。闇斎が神道に帰せるは、種々の事情あり。会津侯保科正之《ほしなまさゆき》が神道に傾けるも与かるべきが、新たに神道に没頭せるは神道の理義がこれを誘うに至れるものにて、延佳《よしのぶ》や、惟足《これたり》や、そこまで理論を案出し、整備し、敷衍《ふえん》し得たるなり。久しく仏教が力を振い、他の頭を擡《もた》ぐるを押《おさ》えたれど、漢学の興復《こうふく》してより、儒教がこれに抵抗し、神道が更にこの二者に抵抗するの勢を醸《かも》せり。

漢字の使用に熟達するは、幕府および諸藩に登庸せらるるの捷径《しょうけい》にして、儒教がこれに伴って隆盛を致し、神道がこれと対立するの困難なれど、嶄然《ざんぜん》儒教に頭角を露《あら》わせる者を拉《らっ》し来《きた》り、これを使徒に感化するだけの事ありたるを認むべし。闇斎が未だ明に神道に帰せざる前、群弟子に問い、「孔子が大将、孟子が副将として攻め来らば如何にすべきか」と問い、弟子が答うるを得ずと言うや、これに教えて曰う、「戦争してこれを擒《とりこ》にすべきのみ」と。伊藤仁斎が闇斎の神道に変ぜるを咎《とが》め、東涯《とうがい》がこの孔孟侵入説を聞き、「斯かる事のあるべきにあらず、特に考うるを要せず」と言いたるは、父子共に闇斎に快からざりしとすべし。父子共に徂徠《そらい》流と違い、妄りに放言せざるに、闇斎に関して言える所彼のごとしとせば、他の言を慎まざる者が漫罵《まんば》せるを察すべし。

されど闇斎が孔孟が攻め来らばと群弟子に問いし所、当時の儒者がおのおの答うるとして何と言いたるべきか。東涯は有るべからざる事と言えるのみ。有るべからざるは極めて明白、二千数百年前に没せし人が来るべくも無し。闇斎の問いしは、儒徒の崇拝する所の人物が攻め来ると仮定して返答を求めたる者、すなわち孔孟の徒として孔孟と戦い得るや否やに在り。東涯の返答が広く世間に伝わり、闇斎を嘲《あざけ》るの材料と為りたるは、一般に東涯を是認せるが為めならずや。当時の儒徒は大抵彼のごとく言うの外なく、而して闇斎が特に問を発し、人を驚かせるは、ようやく趨勢の変ぜんとせる先触れならずや。闇斎の弟子に言えりし所すこぶる多く、而して僅かに彼のごときの世に知らるるは、世間が注意したるに出で、その注意したるは斯かる事に刺戟を感ずるの世と為れるなり。後にこの類の言を百千回するも注意を惹かざるは、人が徐《おもむ》ろに前後を顧み思慮を積み、学問の何の為めなるかを考え、単に権威を仰ぐの言うに足らざるを知れるなり。闇斎は仏に満足せず、儒に満足せず、遂に神道に帰せるが、延佳や、惟足や、当時の儒者とこそ議論するに堪《こら》うれ、研究において足らず、仏教を適用し、儒教を適用し、牽強附会に陥るを免れず。能く一時に勝つを得るも、基礎を鞏固《きようこ》にせず、辛《かろ》うじて嘲笑《ちようしよう》裡《り》に位置を維持せるのみ。

されど闇斎が仏より儒に移り、更に神道に移れるは、儒仏以外、人が気附《きづ》かず、実は大いに研究すべき者あるに因る。前にもあながち大陸より受くる所のみを以て安んぜず、別に力を用ゆべき所ありとせしも、ただ歴史的の事実を恃《たの》むのみにて、神代を語り、霊威を説き、仏徒および儒徒より荒唐無稽なるを笑われたるが、総じて学問の興隆せんとし、前に代々伝え来りし国語国文の研究が、ある一部の秘伝より公開的性質を帯ぶるに至る。前にも精通を以て称すべきあれど、その何の程度なるやを明らかにし難く、契仲《けいちゅう》の出ずるにおよび、人その国学における天才なるを知る。荷田東満《かだのあずままろ》、加茂真淵《かものまぶち》、本居宣長《もとおりのりなが》、平田篤胤《ひらたあつたね》ら、連続して出ずるや、国語および古代思想、皆な従来の仏徒儒徒のほとんど全く知らざる所に出ず。世襲的に伝承せし者が益を与えたる所あれど、学問が漢学に限ると考えたる所の外、別に開拓すべき区域あるを明らかにす。漢学者より観て特別の価値なきも普通の談話と密接の関係あり、日常の生活と何らかの関係あり、調ぶれば調ぶるほど興味を増し、漢学は鍍金《ときん》、国学は地金、地金ありての鍍金なりとし、あまつさえ鍍金の美ならずとありては、専ら地金を重んずるに傾く。前には学問が大陸より来り、大陸と平均して已むと考え、大陸の絶頂とする所に到達するを理想とし、詩ならば李杜、文ならば韓柳、能く彼のごときを得て願い足るとせるが、その以外にも学問あること、ここにようやく知れ渡り、かえって彼を知りこれを知らざるを笑う。

国語国文の研究は大陸と没交渉にして、為《た》めに学問と認めざるあれど、その研究が後に多くの効果を齎《もた》らせり。国語国文学者が漢学者よりも力ありしと云うにあらず。漢学の大家にして力をこれに注げば、更に一層発達したらんも測《はか》られざれど、漢学として同一事を繰り返し、反復また反復、ただ大陸の標準に近づかんとせるのみ。もし大陸が固定骨化せず、絶えず新研究に努めたらんには、日本の漢学者も異なる観を呈したらんが、支那にて新工夫を運《め》ぐらすこと、明朝に李王の古文辞の出でし類のみ。徂徠は旧套を趁《お》うを以て満足する者ならず、破天荒の事を敢えてするを欲しつつ、大陸に標準を求むる限り、彼の古文辞を踏襲する外に出ずる能わず。

漢学者の刻苦黽勉《こっくびんべん》しながら、結果の少なきは、標準を大陸に置けるが為めにて、幾多の詩集文集は、流汗《りゅうかん》淋漓《りんり》、他を模倣せる努力の結晶なり。新機軸を出だせば大陸の標準にて排斥せられ、師友に認められず、立身出世に妨げあり。立身出世を念とする間、標準通りにせざるを得ず。支那にて新機軸を出だせば、漢学者がこれに倣うも、漢学者自ら新機軸を出ださず。而して支那の新機軸は三代より遠ざかりて如何にこれに近づくべきかを工夫するに存し、これに倣うとも労多くして功少なし。国学はこれと違い、全く大陸に見出さざる所の出現し、発達の速力の遅くして確かなり。

水戸学は漢学と国学との混化せる所に係り、漢文なる大日本史は、体裁において大陸に則《のっと》りつつ、国文の影響を受け、すこぶる大陸と趣味を異にす。封建制度の確立し、幾百年来特殊の境遇に養われたるが、武士が外国に対抗し、為すべき限りを為さんとせること、大日本史に精神を表明し得たりと謂うべし。もし国学の研究なかりしならば、後に欧米と接触し、俄に研究を始め、如何に着手すべきかに惑《まど》いたらん。さらぬだに明治年間外国人を傭《やと》い、『日本文典』を編纂せしめたる程にて、夙に国文学の研究の進めるを称すべく、研究者が能力において漢学の大家に劣らば、功において慥《たし》かにその上に在り。

日本が大陸より受くる所は仏教および漢学を主にし、而して神道および国学の起これるは民族として独創力あるを証明し、もし他に種々の刺戟を受けたらんか、更に幾層か発展し得たるべきを暗示す。闇斎が「道の教は猿田彦に始まり、舎人親王に成り、垂加霊社に発揮す」と云えるは、奇異なる語なれど、全く大陸を離れて考えたる所なり。韓愈の言に「尭以ㇾ是伝二之舜一、舜以ㇾ是伝二之禹一、禹以ㇾ是伝二之湯一、湯以ㇾ是伝二之文武周公一、文武周公伝二之孔子一、孔子伝二之孟軻一」とあるは、信じてこそ理由ありと思わるれ。後より推断せること、闇斎の神道伝承に異ならず。猿田彦の事は史実を知るの難けれど、舎人親王が特殊の見識を具えしこと、すこぶる研究を値いすべし。闇斎の意にては、朱子の大学序に「河南程氏両夫子出、而有三以接二乎孟子之伝一」とあるがごとく、自ら舎人親王の伝を接《つ》ぐとの抱負なるべし。当時新たに機運の開け、多少自ら力を伸ばす者は、遠く前聖の業を紹ぐがごとく心得、自ら任ぜざるも、人を称するにこのごとくする者少なからず。

由井正雪が楠木正成の直伝を得たりと吹聴せるはその一例にして、闇斎の門に入り、これに天文を教えし安井《やすい》春海《しゅんかい》は、闇斎が称して安倍晴明以後の第一人とせる所なり。久しく戦乱続きにして、治世に碩学鴻儒《せきがくこうじゅ》たるべき者が一兵卒として戦死せしがごとき事の稀れならず。晴明以後に春海ありと云うもその為めにして、学才の一層優る者も力を伸ばし得ざりしなるが、闇斎が春海に天文を聴き、これを詳《つまび》らかに知らんとせるは、実際知り得たるの少なきにせよ、徒らに空想を馳《は》せ、臆断《おくだん》を逞《たくまし》うして満足せず、真実の理を究めんとする志ありたるなり。闇斎は編狭《へんきょう》にして、諸家の註釈を討究するを好まず、いやしくも朱子に違う所は断然排斥せしとの事なるが、経書のごとき、斯くして不可なしとし、註釈の是非を争うよりは、成る解釈にて徹底的に一貫するの簡便なるに若くはなきを考えたるべし。多くの註釈を対照し、これを取捨するは全く無益ならずとも、世道人心《せどうじんしん》に志ある者が閑事業に過ぐるを感ぜざる能わず。闇斎は真に編狭にして註釈を一種に限りしと仮定し、春海に天文を尋ぬるに至り、尋常信徒の遠くおよばざる所ならずや。春海は欧洲の天文に就いて何程知りしや。当時知り得るを知りたるべきも、他人の全く知らざる所に出で、寛文十一年（一六七〇年）渾天儀《こんてんぎ》を製し、更に天文分野方円二図および地球図を造り、国暦の製作を建議す。

貞観三年宣明暦《せんみょうれき》を頒行《はんこう》してより八百余年、約二日の差を生じ、朝議陰陽頭安倍泰福《おんようのかみあべのやすとみ》に改暦の事を司らしむ。春海、漢土の暦を用いず、国暦を頒布《はんぷ》すべしと主張して容《い》れられず、貞享元年明の大統暦《だいとうれき》を採用するの詔《みことのり》を発せらる。春海これを遺憾《いかん》とし、弁論すこぶる勉《つと》む。泰福を動かし、皇城の西南梅小路に表を立て暦を測り、七星の運行を観測し、自ら案出せる新暦の誤りなきを明らかにす。泰福上表し、新暦を採用するに決定し、貞享暦の名を賜わる。実に一千年来の支那暦を廃し、国暦を頒布せるなり。誤謬《ごびゅう》を見出だす毎に改正し、宝暦暦《ほうれきれき》、寛政暦、天保暦と為れるが、皆《み》な国暦にして大陸と関係なし。暦は直ちに天文を以て推算し、他の権威を仰がずとせること、後年大陸に先んじて科学的知識を求むる所以《ゆえん》とすべく、貞享以後、漢学の大いに興《おこ》りたれど、自ら真理を究めんとする傾向は既にこの辺に現われ、ただ広く世間の意識する所と為《な》らずして過ぐ。

闇斎が春海に天文を聴けるは、ここに意識しての事と言い難《がた》きも、漠然たる格物致知《かくぶつちち》を以て満足せず、真実の知識を求めたるを掩うべからず。闇斎が固陋《ころう》なるか、他の儒者が固陋なるか、遽《にわ》かに決し易からず。後にあるいは格物致知を科学的知識と解するも、朱子の請《いわ》ゆる格物致知が科学と何の関係ありや。博覧強記《はくらんきょうき》は知りて益なき事を多く記憶するを指さざるべきや。偶然か、必然か、闇斎は無益の事に褊狭、有益の事に褊狭ならざるを見ざるべきや。他の儒徒が註釈に註釈を加え、文字の穿鑿《せんさく》に歳月を送りたるこそ、真実の知識を求むるを知らずと謂うべきにあらずや。而して闇斎が春海に就いて天文を問えるは、彼自らの卓見よりも、機運のようやく動き出だせる者にして、彼は早くも機運に触れ先駆と為れるなり。闇斎は神道を宗教化するに努め、国語国文の研究者の事実を求むると違うも、天文に関して真の事実を知らんとせること、正に国語国文の研究における と相い同じ。

国文学の四大家と称するは、互いに異同あり。篤胤のごとき、真に研究するよりも、異を求め他を攻むるに急なれど、いずれも伝統的形式に拘泥せず、漢学者が古来の註釈に眼を曝《さ》らすと同からず。仁斎、徂徠ら必ずしも前人の註脚《ちゆうきやく》に拠らず、独自の解釈を下して憚《はばか》らざるも、大陸にて取り扱える範囲および材料の外に出ずること少なし。均《ひと》しく文字の穿鑿にせよ、国学者の為せる所は、事実を討究すること春海が天文を観測せるがごとし。春海は天文博士土御門《つちみかど》、暦博士幸徳井《こうとくい》らと違い、専ら真実の知識を得んとし、後年欧洲の天文学を得るに接続せり。支那は明末に外人を聘し、天文を司らしめ、清初におよび、康熙帝《こうきてい》自ら暦の製作に与かりし程にて、梅文鼎《ばいぶんてい》、梅文鼐《ばいぶんだい》、梅文鼏《ばいぶんべき》、三兄弟並び出で、正に日本の春海と年代を同じくし、乾隆九年に撫辰を造ると、八代将軍が延享元年に簡天儀を造ると、全く歳を同じくすること、いささか奇とすべきも、支那は後に発達の止まり、日本は徐々ながら発達を続け、十一代将軍の時、伊能忠敬が全国を測量し、経緯度に拠《よ》りて地図を完成するに及ぶ。これ既に欧洲より知識および器械を得ての事なれど、大陸と没交渉にして、独り自ら進めるなり。

日本が欧洲の知識を吸収せるも他動的ならず、これを吸収するの素養あるに出で、実に星学における春海は、数学における関孝和《せきたかかず》と共に独創的の才能を証明するに足り、斯かる人物の顕われたるは、欧洲と不充分なる交通を以て科学的知識の漸次拡《ぜんじひろ》まり、明治維新の準備を整えたる所とす。支那は清朝に考証の発達し、日本の儒徒の知らざる所に進み、日本にてようやくこれに傾かんとし、幕末の変乱に妨げられたるが、支那のごとき考証を好むか、更に一層真実の知識を求むるか。未だ科学らしき科学の発芽せずしてその知識を求むる跡あるを以て推せば、過去の図書器物に没頭するよりも真実の知識を求むるに長ぜざるか。考証にては、狩谷掖斎《かりやえきさい》のごとき、清朝にも多く類を見ずと謂うべく、太平の続かば儒徒もあるいは斯くて成功したるべけれど、春海や、孝和や、機運の既に転回し始め清朝と異なる方向を指して進むべきを示さずや。

儒徒が書籍を通じて支那を知り、これを標準にし、これに則るに努めつつある時、これを離るる勢の隠約《いんやく》の間に起り、寛政の三奇士を始め、幕末に奔走《ほんそう》せる者はほとんど悉く特殊の思想を抱き、特殊の行動を演じ、もし孔孟を口にせば、儒徒の唱うる所とすこぶる異なるを認めざるべからず。漢学の盛んにして、士たる者が必ず本箱《ほんばこ》を備うるも、大陸より何の知識を得たるや。読書生が知る所は概《おおむ》ね宋代までにして、元以後に就いて知る所甚《はなは》だ少なく、ある特別の人を除き、大陸との思想関係は宋代に止まると謂うべし。支那を以て日本以外の最も重要なる国とする限り、何事か清朝に学ぶべき順序なるが、これを学んで得る所あるか。考証学は知識を増進する所以とし、現在の事理に関係薄く、将来に進むよりも過去に退くの嫌いなきを得ず。清朝は太平の乱まで変乱少なきを幸いとするも、空しく幾代かを費し、日本が頻りにこれと交通したりとて、知識上に得る所あるいは失う所を償《つぐな》わざらん。

徳川時代は大体において朱子学を重んじ、ようやく考証に傾けるが常に幾分の陽明学趣味を帯び、寛政年間、朱子にて一統せる時、陽明に向うの勢の防ぐべからざるものあり。大塩後素《おおしおこうそ》が陽明学を標榜《ひょうぼう》し、兵を起こして倒れたるは、一面に陽明攻撃に口実を与え、他の一面に陽明に対する興味を熾《さか》んにし、階級に鎖《とざ》されたる者こそ権力にて命ずる所に従え、現状に慊《あきた》らず、血気の壮《さか》んなるは、陽明の簡易直截《ちょくさい》を快とし、心胆《しんたん》を鍛錬《たんれん》し、変乱に活躍すべきを期す。陽明学は陽明の真意なるか、陽明自ら聞いて怪まざるかの疑うべきも、兎《と》に角《かく》、陽明学の名において学ぶ者の著しく増加し来れり。支那は、漢学にて立身出世の便利を得る間、その規定するがごとくし、一意専心努力するが、日本も一応その状態なりとし、自ら是非を判断し、去就《きょしゅう》を決定するの傾向多し。日本にて種々の変化を経たる時、支那において動かず、日本と開戦する場合、政府において一世紀半前の『大清会典』に準拠する有様なりしに、今や破壊性を現すこと彼のごとく、場合に依りて極端より極端に移らんとす。

明治維新と成豊乱と多少勢を同じくし、而して日本が早く変革を成就《じょうじゅ》し得たるは国土の狭き所もあれど、個人的利害の外、国家変革の機を察し、これに処して謬《あやま》りなきを期し、往昔水天彷彿《おうせんすいてんほうふつ》、眼に見えざるの島を指して移住し来りし者の子孫なるを示すに因《よ》らずとせず。支那は地広く、人多く、日本人の企てざる所を敢えてせし者あり。張騫《ちょうけん》や、法顕《ほっけん》や、玄奘や、大探検家と称すべく、虎穴に入り虎児を獲たる者幾人を計《かぞ》うべきが、現状に安んじ、単に生活して足るとする方が遥《はる》かに多く、志ある者が痛歎《つうたん》するもこれを奈何《いかん》ともすべからず。均しく民衆の覚醒を促《うなが》し難くんば、民衆と共にせず、奇異なる言行を以て世を驚かさんことを望み、文明文化に何の効能あるを問わず。孔子春秋を作りて乱臣賊子《らんしんぞくし》懼《おそ》るというも、如何なる乱臣賊子が懼れたるか。乱臣賊子が懼れざるも、その懼るべきがごときを考え、以て自ら慰むる所あるなり。

支那は今日まで国家的運動または社会的運動よりも個人的運動に適し、個人的運動中、多数が附《ふ》和雷同《わらいどう》し、国家社会を動かすと認めらるるあるが、実際に何の影響あるやを尋ぬれば、ほとんど漠然《ばくぜん》捉《とら》うべき無く、世は陶唐氏《とうとうし》の世のごとく、日出でて作《さく》し、日入りて息《いこ》い、国家我において何か有るというの状態なり。日本が支那のみと交通し、欧米と接触せずんば、いささか行き詰まりの体たらくと為り、新陽明学派とも名づくべき者の起り、特殊の立論および運動を以て従来の儒教に変動を与えたるべし。明治維新は成豊乱と同じく欧米の刺戟を受けたるも、単独にて勢の熟し来れる所あり。支那にて明が元に代りし通り、新たに清に代る者の出ずべき順序にして、日本もある強藩が徳川氏を倒してこれに代るべきがごとく、而して事実においてすこぶる異なるを免れず。何藩が徳川に叛《そむ》くべきや、維新の際、薩長土肥が最も力ありとし、幕府新造の不可能を察《さつ》せざるべきや。徳川時代、外様が勢力を失い、有れども無きがごとく、親藩譜代がこれに対して警戒するの必要なく、寧ろ親藩互いに相い争うの勢を生じ、もし親藩譜代が真に一致結合せば、土肥が反抗に加わらざるは勿論、薩長が何事をも成すを得ず。

維新の変革は徳川初代に定めし所の封建制度が土崩瓦解《どほうがかい》し、新たに朝廷を奉じ、新政府を造らざる能わざるに至れるなり。欧米と接触せずんば、新政府がすこぶる形を異《こと》にするも、徳川に代るにある強藩の出ずるがごときこと無く、全く郡県と為《な》るや、封建的郡県または郡県的封建と称すべき者と為るや、姑《しばら》くこれを疑問に附し、支那にて洪秀全《こうしゅうぜん》が政権を占むるよりも新たなる現象を呈したるに相違なし。日本国内のみの変化にては、目覚ましき進歩発達なしとし、あるいは征韓論の行われ、半島より東洋に動揺を起こし、何らかの進歩を遂げたるべし。事の然らずして、東洋が現に見るがごときに至れるは、欧米が力を伸ばし来れる結果にして、それだけ欧米に負う所ありと謂うべきも、現状を見るまでの変化を以て悉く欧米の刺戟に帰すべきにあらず。東洋における国家および民族にして従来と異ならば、現状もまた異ならざるを得ず。東洋の国家および民族が一層優秀ならば、進歩発達が更に著しかるべきを想像し得れど、過去および現在の事実を以てし、日本が想応の発展を遂げ来れるを断定すべし。欧米との接触が更に早かりしならばと惜《おし》まるる所あり。

欧米も早く東洋と接触せば、歴史を一変したるべきも、東西の接触は幾多事情の関連する所、若干英雄の手を下し得べきにあらず。ナポレオン一世が東洋に意あり。濠洲をナポレオン土と称せんとし、而して然るを得ざりしは、航海の不便なるに出で、その不便なるは造船術の進まざるに出で、その進まざるは科学の進まざるに出で、要するに社会未だ進歩せざるに出ず。世界交通の頻繁《ひんぱん》にして、学術技芸の進歩せるも、学術技芸の進歩して世界の交通いよいよ頻繁、互いに因と為り、果と為る。東洋が西洋と接触し始めしは、二千数百年来の事、初めはほとんど全く名をも知らず、互いに相い知るに至るまで千年二千年を経ざるべからざりき。歴史上の英雄豪傑《ごうけつ》もこの趨勢に対して何の力なく、ただ勢の許す限りにおいて動けるのみ。日本はアジア大陸に接近しつつ英国の大陸におけるがごとくならず、為めに戦乱を少なくし得たる代り、互いに相い刺激して進歩の速度を増すに至らず。されどアジアの日本と欧洲の英国と、共に二千数百年前より大陸との関係あり。而して今日双方共に世界の要素を形づくり、五大国に列し、三大国に列すること、名実相い協《かな》うやは別とし、世界史における特殊の事実とし注意すべし。

日本は英国に比して大陸との関係少なく、かつて一度も外国の兵に侵略されざるを幸いなりとすべきも、侵略されたる苦き経験なく、これに対する用意の足らざるを不幸なりとすべし。されど日本を以て大陸の影響を被れること最も多く、日本の文明文化は大陸の文明文化なりとするは、如何に批判の連断に流れ易きかの例に供すべし。同じき所を求むれば少なからず、日常の器具まで輸入の痕跡の明らかにして、今なお呉服店、唐物店と呼ぶはこれを証するに余りあるが、英国は大陸の影響を被り、その印象を残すこと更に遥かに多し。本来民族も大陸と共通し、言語も日本の支那におけるほど異ならず。日本に支那語の混入せるも、根底において相い異なるを失わず。漢字を国字とせりとて、別に仮名を工夫し、自国のみに通用し、支那と共通なるを得ず。英国にては大陸の影響の複雑にして、ローマの影響か、デンマークの影響か、フランクの影響か、後世のフランス、スペイン、イタリアの影響か、これを尋ぬるに忙しく、漠然大陸の影響というがごとき者なく。もし単に英国が大陸の影響を受けたること多しと説かば、人はその何の為めに言うやを解する能わず。当然の事、自然の事、特に言うの必要なき事とす。

アジア大陸も事物の単純ならざれど、支那といい、インドといい、おのおの一国なるがごとく取り扱い、支那の影響か、インドの影響か、支那ならざればインド、インドならざれば支那なりとし、これを二大別して足るを覚ゆ。実に支那といい、インドといい、統一され易き所を以てせば、おのおの一国と見做すべけれど、もし統一せざらんには、支那の北部か、南部か、南部ならばその何処よりか、限定して言うべき筈にて、これを限定すれば、漠然大陸の影響を被ると言うがごとき習慣の消滅すべし。実に日本は英国ほど大陸の影響を被らず、英国の封建制度は大陸と共通にして、これを威せるも共通。日本は隋唐の制度に則りながら、宋代に封建制度を施行し、元明におよび、彼は彼、我は我れとせり。如何に双方の互いに没交渉なるの多きや一考して知るべきに、大陸の影響を被れるのみにて、自ら何ら特色を備うるなきかに考うるは、寧ろ驚くべき錯誤《さくご》と為さざる能わず。

国勢の変遷こそ特別なれ。文明文化は大部分大陸より輸入せりというが、文明文化は国勢と密接の関係あり。国勢が異なれば、文明文化も何点にか異ならざるを得ず。国勢も絶対に異ならず、世界を通じて人事が呼吸し飲食し、それだけ何処にても共通点あり。やや限りて更に限るべき共通点あり。東洋は東洋らしく、西洋は西洋らしく、日本が大陸と共通なる所あるは言うを俟《ま》たず。相い接近する土地にて共通点多きは必然の現象にして、共通点と非共通点とを挙げざるべからず。英国のごときは、旅行者がその大陸と同じき点に注意するよりも、異なる点に注意せんとす。日本にて異なる点よりも同じき点を挙げんとするは、異なる所の多きが為めならずや。同じき所の多くんば、特に注意を払うを要せず。注意を払うは共通点を見出だして珍らしく感ずるに因る。

日本は大陸と接触し、その影響を被りたれど、大陸の更に幾層か文明文化において優《まさ》り、日本においてこれに追随するに忙殺せらるるに至らざりしを遺憾とせざるべからず。何処にもほぼ限度あり、欧洲も中世一千年間、ほとんど進歩の停滞したるが、アジア大陸が初めて欧洲の遂げたる所を遂げたらんには、日本は為めに文化的利益を得ること多からん。支那やインドや、夙に文明文化の見るべきありしを賞讃すべきも、爾来停滞して進まず、進むとも甚だ遅く、大体において一千年前寧ろ二年年前の事を反復するに過ぎず。これまた民族の力なきが為めならず、地勢の有利ならざるに因ること多きも、日本より観れば、大陸の進歩の遅く、これに倣うの効果少なく、実に倣わざるにあらず、倣うべきの早く竭《つ》きたるを惜まざるを得ず。支那またはインドにして今一層進みたらんには、日本も決して現状のごときに止まらず、数百年前に封建を破壊し、海外と交通したるべし。斯かる繰言《くりごと》をいうは他に依頼する者にして自ら進歩するの力なきが為めとせんも、これを言い換うれば日本が大陸より被れる影響の少なきを表明すると同からずや。

文明文化は単独にて力を用いるよりも、列国互いに競争し協同するに若かず。日本は大陸より今一層輸入すべき者の多かりしならばと惜しみ、今後支那が小紛擾《しょうふんじょう》を事とせず、小利権を念とせず、世界の手を借りて富源を開発し、世界の文化に貢献し、人類の福祉に資益し、日本がただこれを模倣しておよばざるを恐るるに至るを望まざるべからず。従来の状態にては日本は約一千年前大陸にてほぼ学ぶべきを学び、学ぶべき者なきを歎じ、現に何程かの地歩を占むるは、大陸の影響よりも民族自らの発達なり。スマイルスは『自助篇』において英国人の自助的精神に富むを称すること数次《すうじ》。国自慢として適当の国自慢なるが、日本にて往々称すべきを称せず。称すべからざるを称するの跡なきか。ある部分が国臭《こくしゅう》を頑守し、改善を志さざる為め、反動として他のある部分が国粋《こくすい》の存在を否定し、古来ただ他国を模倣するに止まるとて、自国を呪い、これを罵りて快とすること、共に誤らずや。力の優るも自ら誇るの不徳にして、その優らざればいよいよ謙遜すべきも、影響を影響とし、非影響を非影響とし、事実を誤らざるがごとくするを要す。

# 日本人の性質

日本人は如何《いか》の性質なるか。言を作す者多く曰う。淡泊《たんぱく》なれども思慮を欠き、快活なれども忍耐を欠き、怜悧《れいり》にして一時を善くすといえども、意志に弱くして遠大の経営に堪えずと。初より一定せるかのごとく認めらるるも、その真に然るかは全く措《お》いて問わず。

由来江戸ッ子は快達をこれ好み、固執をこれ悪み、宵越《よいご》しの銭を遣《つか》わざるを誇ると称せるも、而《しか》もいわゆる近江泥坊《おうみどろぼう》伊勢乞食《いせこじき》は、全くこれと反対にして、多少資産を有する者も幼より外に出でて丁稚奉公し、還《かえ》りて専心商業を営み、既に財を積みてなお節倹を旨《むね》とし、矻々黽勉《こつこつびんべん》して懈《おこた》ること無し。たとえ支那人と雑処して厘毛《りんもう》の争いに従事するも、決してこれに輸《ゆ》せざるべし。一概に日本人を評するの当たらざる。また以て想察すべし。

社会の変動に際し、人々業務を転じ、競いて旧を捨て新に就くは、蓋《けだ》し已《や》むを得ざる所。王政維新は著大なる変動というべく、その前後多様の事変あり。士の工と為り農の商と為りたる、特に怪しむべしとせず。然《しか》れども転変を好むは必ずしもその性質なりと限るべからず。幕府時代百年二百年業を世々にするが常なりし。更に歴史に溯《さかのぼ》りて通観し、英雄豪傑を択《えら》びてその時代を代表せし者とし視る。すなわち同時代に駢《なら》び出でし者にしてすこぶる性質を異《こと》にせしあり。そのいずれを採りて当代における日本人の性質とすべきか。

平清盛と源頼朝とはほぼ時代を同じくせし者。而《しか》も傾向のこのごとく相い違えるは少なし。清盛は感情に馳《は》せ、慾念《よくねん》を縦《ほしいまま》にし、時に大いに喜び、時に大いに怒り、少しく順境なれば意気揚々《ようよう》、乗じて止まる所を知らず。少しく逆境なれば懊悩煩悶《おうのうはんもん》。また従容《しょうよう》事を図《はか》るに堪《た》えず、近臣をして成親《なりちか》を笞《むちう》たしめ、壁を隔ててその泣声を聴き而して可と言える。以てその子供らしきを見るべく、上皇の挙措《きょそ》を怨《うら》み、己れが功の大いにして而も罪せられんとするの非理なるを訴えたる。以てその直情を見るべし。而《しか》て清盛に看《み》る所は平氏を通じて看《み》る所、当時の平族は皆な幾許《いくばく》かこの風を帯びざる無く、独り重盛《しげもり》は除外例たるも、その除外例たるだけそれだけ同族の間に容《い》れられず、為めに憂悶《ゆうもん》して早く斃《たお》れぬ。総じて一時を快にするに急に、徐《おもむ》ろに前途を慮《おもんぱか》るがごとき事なく、いわゆる驕《おご》る者久しからずとは最も適切なりとして知られたり。

頼朝はすなわち然らず。喜怒色に形《あら》わさず、およそ事を成さんとする。必ずまずその前路を考慮し、ある困難の横《よこた》わるを知る。機会の乗ずべき有りといえども軽々しく乗ぜず。富士川に平氏と対陣し、水禽《すいきん》の乱れ飛びて敵軍を潰走《かいそう》せしめし時、彼喜びて直ちに追わんともせず、静かに軍を纏《まと》めて鎌倉に還れり。義仲《よしなか》を討ち平氏を覆《くつがえ》えさんとせる。二弟をして軍を帥《ひき》いしめ、己れ容易に出でず。景季《かげすえ》の池月を乞うや、すなわち磨墨《するすみ》を与え諭して曰う。他は吾が乗に充てんとする所と、而して高綱《たかつな》の来り見ゆるにおよびてこれを給せり。総《す》べてを指揮して己れ最後に勝を占めんとする所、一挙一動において歴々見るべし。平氏既に滅びて共に功を争う者また斃れ、以て心慮を労すべき者跡を絶つにおよび、すなわち大いに士卒を集め列を正して京都に出で参内しぬ。その二弟を殺して自ら枝葉を芟《か》るがごとき、一見浅慮の所行なるも、実は将来を慮かる深きに過ぎ、過ぎたるのなおよばざるがごときのみ。而して源氏の一門はその性格において多く類似する所あり。独り義経は群を脱せしが、その群を脱せしだけそれだけ異彩を放ちて早く斃れたり。

源氏の後を受けし北条氏もまた同様の傾向あり。その刻苦忍耐、喜ぶべきを喜ばず、怒るべきを怒らず、偏《ひとえ》に抑損《よくそん》して以て成功を待つ所、特色明らかに知らる。平氏の彼のごとくして、源氏および北条氏のこのごとくなる。果たしていずれを採りて当代における日本人の性質とすべきか。

人あるいは楠正成《くすのきまさしげ》の湊河《みなとがわ》に戦死したるを難じて浅慮なりとし、日本人のややもすれば一時を壮《さかん》にせんとして為めに大功を遺るるの弊《へい》あるを説く。

一般の日本人に就いては姑《しば》らく言わず。正成の死は果たして一時を壮にせんが為めなりしか。その初めて郷を出でし以来、事を成す皆な順序あり。赤坂に城《きず》き、千窟《ちはや》に転じてより、北条氏仆《たお》れて足利氏起り、更に討伐の師を率いてこれに抗せしまで、常に能く成し得べきを観て而して後《の》ち事を挙げ、当て一たびも僥倖《ぎょうこう》を希《ねが》いしことあらず。謀《はか》るや周密《しゅうみつ》、進むや必勝、而して必敗を期して湊川に赴《おもむ》きたる。万已むべからざる事情の存せしが故ならずや。すなわち己れの門地を以てしては到底これより外に出ずる能わずと覚知せしもの。忍ぶべきを忍び、堪うべきを堪え、他に取るべきの途なきに至り、断々乎《だんだんこ》身を以て殉じたる。斯かるをもし浅慮とする、浅慮の意味は全く判明を欠かん。もとより正成をして直義のごとく奸点ならしむる。すなわちこの際に処して命を捐《す》てざりしなるべし。蓋《けだ》し正成のごときは、善く耐うると善く断ずるとの中を得たる者とや謂《い》うべき。

豊臣秀吉と徳川家康とまた時代を同じくして而も性格の相い違いし者。秀吉は善謀善画、必勝を期して然る後に起つ。明智を討ち、柴田を討ち、北条を討ち、島津を討ちたる。皆な予《あらかじ》め全勝を期したるにあらざるはなし。その独り朝鮮を討《う》ちて功なかりしもの、全く外国の事情に明らかならざりしに坐《おわ》す。寧《むし》ろ報告者の過失というべきのみ。かく勝を制するに必ず勝つべき所以のものを計りしといえども、偏に成功に急にして、ただ勝を得ばすなわち可なりとし、また深く他を問わず、躬《みずか》ら越後に赴《おもむ》きて景勝と誓える。氏郷《うじさと》は百二十万石の大封を給せる。家康に関八州《かんはっしゅう》を与えたる。以てその泰平を致すに急なりしを観るべく、時に不平を懐《いだ》くの徒なかりしは勿論なるも、このごとくにして永く平和を保持し得べきかは少しく怪しむべし。彼は陣に臨む毎に必勝の算ありしも、累次勝を制するの後を如何にすべきやはその深く念《おも》い到らざりし所。朝鮮を伐《う》ちて能く功を収めざりしも、たとえ戦勝ちたるにせよ、その後を処するはすこぶる困難なりしならん。然るも彼はまた自ら計ることの疎大なるを知る。故にその病みて起つこと能わざるを知るや、諸侯の中に思慮最も周密なりとせし家康に大事を托《たく》せんとし、而して権力の遂に誰が手裡《しゅり》に帰すべきやは深く意とせざりき。その意気の落々として拘わらざる寧ろ快とすべきなり。

家康は然らず。彼は案外険を冒すに勇、数々虎穴に入るの所行を敢えてし、信雄の来り援を乞える。直ちに起ちて秀吉と戦を啓《ひら》き、兵数を計れば彼の衆にして我の寡なるは瞭然《りょうぜん》たりしも、斯かる事は殊《こと》に問わざる所。また景勝《かげかつ》を討たんとして宇都宮に向い、而して三成旗を揚ぐと聞て直ちに還り、倉卒《そうそつ》美濃に出で寡兵を以て即時戦を開始せる。秀秋の内応あるはもとより期せし所なるも、その進退の跡に察する、すこぶる冒険的行動として評せざるを得ず。すなわち時に臨みてしかく冒険的行動を演ぜしにせよ、全体を通じて見れば寔《まこと》に熟慮深謀、いわゆる石橋を叩いて渡る類の人と謂うべく、常に忍びて少しずつ進み、絶えて功を成すに急なるの形なかりし。人ありかつて氏郷に向い、太閤逝て後ち何人か天下を得べきと問う。氏郷答えて曰く、利家にあらずんばすなわち我れと。然らば家康は如何と問う。答えて曰う、吝嗇《りんしょく》彼がごときもの如何ぞこれを能くせんと。当時諸侯の家康を目する実にこのごとくなりしが、そのこのごとく目せられしこそ、すなわち能く太閤の下に安全を保ち得たる所なれ。常に功を急がず、少しずつ功を挙げて終に全功を収め、老齢におよびて頻りに仏に祈り、南無仏の字を書して後生を冀《こいねが》えるごとき、正に秀吉の為す所と異るを見る。而して二人共に一長一短あり、以て遽《にわか》に是非すべからざらんも、果たしてそのいずれを以て当代における日本人の性質とすべきか。

日本人はいずれかその一に似る所あるがごときも、これを謂うは甚《はなは》だ難きにあらざるか。要するに一言にして日本人を評するは思わざるの甚だしきもの。もし評して当らんことを求むる、更に仔細に考察するを要す。島国的根性を云々し小国的人物を云々するは人を侮る者なり。

# 島国の悲観

日本人は国内に蟄居《ちっきょ》して外に出ずるに怯、白人の世界を家とし横行闊歩《かっぽ》して、到る処に事業を営むと状を異にす。これ鎖港的思想の蟠《わだか》まれるが故にして、究竟《くきょう》島国的根性の然らしむるなりと。この言一応道理ありと聞えんも、その深く考えての事なるやは甚だ覚束無し。恐らくはただ漠然として言えるに過ぎざるべく、斯かる言を作すものこそ実に壮言自ら快とし、かえって何の事業をも成し得ざるを常とす。

我が国情に稽《かんが》うるに、鎖港的思想は多少これ有るを免《まぬが》れざらん。而《しか》も国を開きて四五十年を出でず。外国に対する習慣なお備わらず、その自由に外人と交際し、自在にこれと応接するの難き、当然のみ。卒然《そつぜん》として謂う所の鎖港的思想なるものを遺棄し、万邦一視の旨を体《たい》し双手を拡げて外人の来り遊ぶを歓迎するとも、果たして幾許の変化を生ずべしとする。風土の穏和なるを悦び、山水の明媚《めいび》なるを慕い、勝区《しょうく》を歴遊《れきゆう》するを目的として来航するものの数を増すはこれ有らんも、影響の彰著《しょうちょ》なるはすなわちこれに止まり、その他特に見るべきもの無くして終らん。

島国的根性とはそもそも何事を意味する。日本は実に島国なり。島国たるに相違なし。島国に居る者の島国的根性を持するは事の自然、奚《なん》ぞ怪しむを須《もち》いん。加うるに島国に居る者は支那のごとき大陸民の徒《いたず》らに疎大なる思想を持すると異なり、英人は自ら島国に居るを以て幸いと為すもの。彼は大陸と風を殊にし、これと思想を殊にす。島国なるが故に、南北東西、意に任《ま》かして航行するを得、かの地球を一塊視し、国と国との天然的阻碍《そがい》あるを知らざるは実に島国の賜《たまもの》たり。然るに己れ現に島国に居て而して島国を非とす。念《おも》わざるの甚しきものならずや。

憶《おぼ》うに彼ら島国を非とする者の以て憂えとするは、島国的根性と鎖港《さこう》的思想とを同一の意味に解し、その自国の小乾坤内《しょうけんこんない》に蟄伏《ちつぷく》し小事に齷齪《あくせく》して朽死するを憂《うれ》うるならんが、しかもこれを憂えて如何の利を挙ぐるの心算《しんさん》あるか。如何にして白人の横行するがごとく国人をして世界に横行せしめんとするか。畢竟《ひっきょう》するに彼らは白人の世界に横行する所以を考えずして、ただ自国人の為す無きを咎《とが》むるのみ。

今や白人は世界を家とし、業を営むの処ほとんど五洲に遍《あま》ねし。而して我れはただ絶東の一隅に閉居し企画これが外に出でず。彼白人を以て較ぶ。洵《まこと》におよばざるの遠きを観る。然るも現時我が国人の大いに世界の上に事業を遂行し得ざるは、あながち国人の冒険的気象に乏《とぼ》しきに因るにあらず。また器局狭小これを経営するに適せざるに因るにあらず。もしこれをして一二百年前ならしむる、我が国人は必ず外地を探検し経営の基礎を造りしならんに、白人の既に先ちて指を各地に染め、意に任かして経営設画するあり。あたかも往昔匈奴《きょうど》もしくは突厥《とっけつ》が喚呼《かんこ》して亜欧を席捲《せっけん》せしがごとく、東、インド洋を渡り、西、太西洋を絶ぎり、争いて唐弱の国無人の地を割有し、いやしくも船舶《せんぱく》の到り能《あた》う処検索して余力を遺《のこ》さざりし。もし今日の勢をして太閤の時代に現じ、而して渺茫《びょうぼう》たる海洋裡取りて領すべき地の多きを知らしめたりとする。彼や必ず進みて取り、取りて更に進み、究索《きゅうさく》して竭《つく》さんとせしなるべく、高山右近のフィリピンに行き、山田長政のシャムに赴《おもむ》けるに観る。インドの征服の必ずしも英のクライヴを待たざりしや必せり。濠や米や何か有らん。

土地を略し属領を拡ぐるは、特に人種の超秀し気力の卓越せるに由るにあらず。白人は幸いにして無人の境を行き、もしくは稚児を劫《おびや》かしその有を奪うが如《ごと》かりしのみ。ただ彼ら既に已にその地を領し、一定の縄張りせし後、新たに進みて彼の領域内に入ることすこぶる難し。一郷の内にても人の一般に未だ属目《しょくもく》せざるに方《あた》り、何人も小資を投じ広濶《こうかつ》なる土地を有するを得るも、一旦既に属目せる後は掌大の地もなお高価を払わざるを得ず。今日は白人の始めて土地を諸方に拓《ひら》きし時と勢を異にし、新たに進みて彼の領域に入り事業を経営するの甚だ難事に属せりと雖《いえ》ども、我が国人のこれを難しとするは、白人が黄人の国土を犯《お》かすを観、その偶然ならざるを察すべし。

試みに念え。白人の支那朝鮮に対する、我が国に較べて大いに優れるありとするが、彼らは皆な本国の勢力を藉《か》りてこれに臨み、本国の大小強弱に拠《よ》りて種々の関係を生じつつありといえど、個人としてその内地に入り自力に頼りて業を営めるは甚だ鮮《すくな》し。我が国人の支那に遊べる決して多しとせざるも、なお白人に比して著しく下らず。いわんや朝鮮に至りては個人としてその地に留れる既に数万人、列国能く我れの右に出ずる無し。不幸にして当途の施設往々にして宜しきを欠きしが故に、政府に頼りての勢力は大いに露の上に出ずる能わざるも、何人としては到る処その業を得、将来においてすこぶる進歩の望むべきあり。朝鮮より延て支那にシャムにおよび、必ず通じて伸ぶるを得るなるべく、ただ白人の勢力範囲を犯して競争せざるべからざるに至り、始めて難きを見ん。すなわち濠洲に、米洲に、事業の容易ならざるのみならず、ややもすれば排斥運動に逢着《ほうちゃく》するの憂あり。而してその難しとするは朝鮮に入ると同一の手段に藉りて入るの難きのみ。決して絶対的難事たるにあらざるなり。我れの朝鮮に入るは英人のインドに入れると相い似、水の低きに就くがごとき状あるも、白人の邦土に入り白人と伍して与に共に事業を営まんとする。まずこれに応ずるに堪うるの素養を作らざるを得ず。

我が国人の足跡遍《あまね》く各地に印せざるはその本来海外に往き能わざるが故ならず、未だ素養の以て彼地に投ずるに足らざるを以てのみ。現に濠洲に、米洲に、欧洲に、往きて業を営める少しとせず、意外の僻地に業を執れるあれば、また世界の市場に商店を開けるあるが、更に汎《あまね》く各地に散居し盛大なる業務に従うこと能わざるは、すなわち素養の未だ充分ならざるが為めにして、いやしくも労働者のごとくして渡航せんとする。何処に行くとして堪え能わざる無きも、紳士の資格を持しその体面を傷《そこな》う無くして彼地に業を執るの困難たるなり。

蓋し白人と雑居し相い伍して業を執《と》らんとする、必ずある種の技芸を備えざるべからず。一芸の備わるある。すなわち何地に行くも不可なる無し。その軽業師のごとき、文身師《いれずみし》のごとき、一の末枝たるを以て維新前より既に彼地に赴き、各処を巡《め》ぐり本国に帰らざる者ある、すなわちこれ。ただ更に高尚なる技芸に至りては外地に出稼するほど余りある無し。斯かる教育はなお進歩の著しきというに至らず、医として門戸を張れるものはなはだ衆《おお》きも、普通の免状を有せるは比較的僅少《きんしょう》、多数はすなわち旧習の医にしてほとんど売薬商と択《えら》ぶこと無し。これを外にして多くの技芸また概ね然らざるあらず。

一二技芸に超秀せる者を求む。優に白人と拮抗《きっこう》して遜色《そんしょく》なきを得、医のある科に専門なる人々のごとき、ドイツの中央に在るもその地の大家と並び馳するに堪う。機械を事とせる者また同じく、その尤《もっとも》なる者は彼地の大製造場に聘庸《へいよう》せらるれば直に場内の要地を占むることを得べし。

斯く専門の名家はこれをして欧洲学芸の淵叢《えんそう》に赴かしむるも特に劣る所あるを見ざれど、その人や極めて少なく、やや下《くだ》れる者もなお少なく、而してその人の寡少なる。これ白人の領域内に投じて活動し能わざる所以とす。もとより行きて彼地に業を営む。しかく高尚なる技芸にあらざるも可。多少新種の技芸に熟せる者以て到る処に生計を営むに堪えん。談話に自由なる者の幻灯を以て諸処を巡歴せるに察するも、彼地に住居するの難きにあらず。ただその人の多からざるを遺憾《いかん》とすべきなり。他日一般に技芸の進歩するに至らば、我が国人の外に出でて業を営む者すこぶる多きを加えん。ただに朝鮮にのみならず、まただだに支那シャムにのみならず、能く白人の都市に住み白人と相い伍して業を営むを得べし。ただ今日は未だ技芸の進境に達せざるを奈何《いかん》ともする能わず。而してこれ要するに斯かる教育のなお進歩せざるに帰す。

我が往来の教育は高尚なる学問の準備として設けられしがごとく、偏《ひとえ》に準備の為めに長年月を増やすの風あり。これを改めて一層簡易に特殊の技芸に通じ得らるるごとくすること、目下の急務なるべし。大いに学術を研究し、これと始終せんとする者はすなわちこれに適するごとくせしめ、早く技芸に通じて職業を執らんとする者にはまたこれに適するごとくせしめ、既に一応技芸に通ぜりとする。以て内地に在りては生活し得ると均しく更に外国に行きて業を営むを得せしむ。総ずるに斯かる技芸の教育を施すこと最も肝要の事なり。

幸いにこれをして広く行わしむるを得ば、国内に在りて外人と共同して事業を営むも大いに進歩すべく、国外に出でてもまた大いに活躍を試むるに堪うべく、いわゆる鎖港的思想、もしくはいわゆる島国的根性、その滅せざらんことを欲するも得ざるべし。これをこれ念わず、ただ国人が白人のごとく外地に事業を営み能わざるを云々するは、漫《みだ》りに望むべからざるを望みて煩悶する者、その痴寧《むし》ろ憐むべし。およそ特殊の技芸を有する無くして徒らに志のみ大、外国に赴き業務を求めんとするとも、概ね効を収めずして終らざるなく、もし窓ふき皿洗いの群に入る、ようやくして破落戸《ならずもの》と化せざる鮮《すくな》し。人の海外に業を執らんことは、深く望むべしといえども、漫然これに奮発せんことを勧むるよりは、更に技芸の教育を一般に汎行せしむるに努《つと》むるに若《し》かず。

# 小国の悲観

小国たるを悲観し、小国なるが故に百事意のごとくならずとして慨する者あるが、言う所の謬妄《びゅうもう》たる、かの島国的根性を非とすると同じ。その土地狭小以て国を富まし兵を強くするに難し。宜しく吏にこれを大ならしむべしというもの、必ずしも理なしとせざるも、而も彼ら斯の言を作す者、豈《あ》に遽《にわ》かに我れの大国たるを期し得べきを想わんや。ただにこれを想わざるのみならず、かかる希望をさえ有するなく、ただ徒らに自国の小なるを歎息《たんそく》し、而して他に大国の強いて我意を貫徹《かんてつ》せんとするあるを見、一切の事皆な彼におよばずとして自ら諦らめ、いやしくも事の非なるある、行の陋《ろう》なるある。すなわち小国たるの罪に帰して曰う、これ畢竟小国風のみ、大国風は決して然らずと。永久小国として立ち、断えず不幸の境遇にあるを免かれざるごとくに感ず。もし彼らの言にして大国と為らんとの動機より出でしとする。ただ言うがままに放置して可、必ずしも多く論ずるの要なけれど、独り小国は劣等のものにしてまた幷《あわ》せて不幸のものたるを想うがごときは大なる謬妄《びゅうもう》と謂うべし。

そのスイスのごとき、オランダのごとき、果たして運命において露米両国民に比して劣るありとするか。露国は大且《か》つ強と称せらる。その領域たる西方の大海より東方の大洋に至る数千里間に鉄道を貫通し、出没自在、その如何なる地点に手を挙げ足を投ぜんとするやは、列国の常に注視して畏るる所。洵《まこと》に大国中の吏に大なるものというべし。

然るもその地に生まるるの民は如何なる幸福をか享受する。国民の大多数は無智蒙昧、窮《きゅう》して死するを免かれず、実に酔生夢死《すいせいむし》の甚だしきものとすべし。あるいは他国民のここに事業を試みんとして来る者あるも、そは大いに利殖して後に還《か》えらんとする者。単に大国の民たらんとして来るごとき、決してこれ無し。米もまた大国中の更に大なるもの。鉄道は縦横に内地を貫截して国の東端より西端に亘《わ》たり、露国に較《くら》ぶれば商工業更に栄え、富の程度更に高く、就くべきの事業多く、貨殖の方また夥《はなは》だし。

然るも他国人のここに移住する。その新開地にして遺利多く、また一攫万金《いっかくばんきん》を試むるの便少なからざるに因る。特に大国の民と為るの幸福たるを想いてにあらず。もし生活の利多きの地他にこれあるを観ば、如何に蕞爾《さいじ》の小邦たりとも、直ちにかれを去りてこれに移るに躊躇《ちゅうちょ》せじ。

且つ大国とは果たして如何なる事を意味するか。露国は一皇帝の下に全国を統轄《とうかつ》せられ、その命令の行わるる、響の声に応ずるがごとく、皇帝の権力強大なる、万邦能くその上に出ずるなし。このごときもの、以て大国と称すべきか。然らば米国は如何。四十余州より成り、各州皆な自ら一国を為す。故に中央政府は政務の全国に亘るを処理すれど、各州個々に関する行務は各自の処理するに任かす。かつて奴隷廃止の議出で、南部の諸州は経済の上よりこれに反対し、北部の諸州は人道の上よりこれに賛成し、議竟に協わず、事を干戈に決したり。想うにこの類の事は将来必ずしも絶無たりと為し難からん。もしこれを一国と見做さんか、すなわち欧洲列国を如何にか視る。欧大陸は露国を除けば、面積米国よりも小、而して往来交通皆な自由なり。三国同盟といい二国同盟といい、既に久しきが、更にこれを推拡して列国同盟と為さば、優に一大連邦を成すに足るべし。既に一大連邦を成すとする。すなわち内に含まるる幾多の邦国は各々《おのおの》大国の一部分を形成するもの。以て大国の民たりとして幸福なるを得べしとするか。以て大国民たるを希《ねが》うものの満足し得る所たりとするか。

大国と小国と、これを政党に譬《たと》えんか。ここに一の大政党と対立するありとする。大政党は言う所必ず行われ、行う所必ず遂ぐるを得、すなわちその党員たる者は他の小政党の党員たるより一層幸いなりというべきも、更に大小幾個の政党の群峙するありとせばすなわち如何。もし大政党の敢えてその力を恃《たの》みて跋扈《ばっこ》するある。小政党連合の力は以てこれに当たるに足るべく、集合の力以てこれに当たるに足らば、大小いずれの政党に入るともその幸いたるにおいて軒輊《けんち》なきにあらずや。大政党と称するとも、必ずしもその意の欲する所を行うべしと限らず、身を斯かる大政党の裡《うち》に寄せて常に牛後の待遇を被むらんよりは寧ろ或る小政党に投じて領袖《りょうしゅう》の位置を占め、更に幾多の小政党を連合して以て大政党を制するの一層愉快なるにあらずや。

列国の政党は英米の政党のごとく二大別せる少し。大小幾多の政党分立し、中にはやや大なるものありといえども、而も小なるものの連合は優にこれを圧倒するに足る。独国もしくは仏国の政党のごとき実に然り。

これを商工業に譬えんか。大資本を有する者は総べての運転意のごとくならざるなし、以て規模を大いにすべく、装置を大いにすべく、而してその大規模大装置なるだけ低廉に商品を製造し得、また小資本の商工業者を圧倒し得べきも、而も多くの小資本家相い連合し共同して以て事に従うとせば大なる者を凌駕する必ずしも難しとせず。一大資本家の随意に事業を営むに方《あた》り、幾多の小資本家共同して事業を営む能わず、相い分立して互いに争うがごとくんば、大なる者利を専《もっぱ》らにして小なる者毎に屈従するを免がれずとはいえ、大資本家の勢を逞《たくま》しくし利を専らにすると伴い、小資本家の競争次第に減じて合同に傾き来るは必然の勢なり。平素相い反目する者も、自ら旧怨を一掃して合同に迷わざらん。

今の大国は決して他を圧倒すること能わず。小国個々の力以てこれに当たるに足らざるも、必要に応じて連合せば、能くこれを制するに堪えん。欧洲において夙に権力平衡の維持せられたる。これ或る大国の勢力を恃みて跳梁《ちょうりょう》せるを、幾小邦の連合して圧倒せんことを計りたるもの、今後或る必要の生ずるある。今日の仇敵化して明日の同盟と為るを見ん。独や、仏や、露国より小なりとて必ずしも歎ずるの要なし。デンマークや、ベルギーや、独仏より小なりとてまた必ずしも歎ずるの要なし。眇《びょう》として小なるモナコすらなお独立心を有し敢えて他に屈せざらんとす。幾多の小国互いに連合し相い共同して事に当らば、大国と競争する洵に易々のみ。究竟大国の民たる者、如何なる幸福か小国の民に優りて享受する所ある。露国の農たり商たり工たる者何の幸福をも享受する無きにあらずや。支那四億の民、実にこれ大国の民たり。而も彼がごとき大国の中に居る者、果たして如何の幸福ありとする。インド三億の民、また実に大国の民たり、而も彼がごとき大国の中に居る者、果たして如何の幸福ありとする。彼ら大国の民、もとより幸福なしと言わず、而も他の小国に居る者と比例して如何の優る所あるか。ただに優る所なきのみならず、かえって小国に居る者のより多く幸福なるを見る少なからざるにあらずや。知るべし、小国を厭《きら》いて大国の民を羨《うら》むの謬妄の見たるを。

然らば小国の民は単に小国の民たるを以て満足すべきか。曰く否な、断じて否な。小国の民たるを以て満足するは非なり。小国の民とて耻辱《ちじよく》にもあらず不幸にもあらざれど、いやしくも一国の居たる者はただ須《すべから》く発達の見るべきあるを要す。土地において大と為るか、人口において大と為るか、また事業において大と為るか、いずれなりともますます大と為るを勗《つと》むべく、而して進歩の道程にある限り皆称揚すべしとす。如何なる小国といえども、そのますます進みますます盛んとなるは賀すべし。これに反し如何なる大国といえども、次第に衰頽に就くの徴あるは憂うべし。小国の民たりとて、進歩の希望盈《み》ち満《み》てる所には国民皆な活気に富み、愉快らしく見え、市外の空地に家屋を新築し、道路は絶えず修繕せられ、一見して進取の気運外に現わるるを察すべし。

而して大国の民と称する者も、衰微の気運ようやく熟するにおよびては、単に市街を通過するのみにて既に然るを察すべく、諸事皆な放漫《ほうまん》に流れ、人に不快の顔色あり。蓋し前者必ずしも皆な己れの幸福なるを思うにあらず。後者また必ずしも己れの不幸なるを思うにあらず。時に傍観者の愉快らしく感ずとするに、而も当人のしか感ぜざるあり。また不愉快らしく感ずとするに、而も実は愉快に感ずるありといえども、傍観者の眼に自ら徴候の認めらるるなしとせず、ただ大いに進まんとして務め、務めて而して能く進み得べき処は皆な幸福なりと謂うべし。

スイスは到底その他を大ならしむる能わず。恐らくは人口を増すことも能わじ。然るもその世界事業の上に一の中心と為るは誰かこれを能わずとせん。現に列国会議のここに開かれたるのただに一再ならざる、これ明らかに斯かる事に最も便利の地たるを示せるにあらずや。今後列国はなおますます互いに相い争わんも、会議にて紛争を決するの勢よりして、眇たるこの小土は自然に中心と為るに至らん。いわんや美《うる》わしき風景の更にこれを援《たす》くるに適するをや。その民と為るは以て自ら栄とするに足るべし。特にこれよりも一層大なる邦国に在りては何の憂うべきかこれ有る。大国小国を別ちて幸不幸を云々するは断じて廃すべし。ただ当に剛健にして進歩の道程にあるを幸福と為し、綱紀廃壊して退歩しつつあるを不幸とすべきのみ。

# 海外における日本人

日本人の海外に散在する大約二十万人、最も多きは朝鮮ハワイおよびカリフォルニアにして、いずれも万を以て数うべく、これを外にし、あるいは千、あるいは百、あるいは十、あるいは一二、ほとんど世界到る処同胞の影を認めざる無しと謂いて可。而して概して言えば、西の方スエズ以東は醜業婦を土とし、東の方ミシシッピ河以西は農を主とする有様なり。

醜業婦の醜や、もと美なる地にありてこそ醜とも見ゆれ、醜なる地にありては特に醜と認められず。その散布せる範囲すこぶる広濶《こうかつ》、群を成してシベリアに北行する者、南より西して香港、シンガポール、ムンバイ、ザンジバルに赴く者、常に相い接踵《せつしょう》す。香港は近来ようやく制圧せられて勢力前年の熾《さか》んなるに似ざれど、問屋はなお依然ここに在りとすべく、シンガポールは多少奨励の傾向にて、勢い猖獗《しょうけつ》、進んでジャワ附近に及ぶ。

ムンバイは綿商まず行き、正金銀行《しょうきんぎんこう》、三井物産等の支店次いで置かれ、然る後ち醜業婦行く。故に醜業婦は重《お》もなる者にあらざれど、ザンジバルに至りては、所得甚だ多く、中にはムンバイの正金支店に托《たく》し一万円を郷里に送りし者あり。その或る者は更に南を指して進みつつあり。普通の例として醜業婦まず行き、労働者これに次ぐことなるが、人既に多く、また醜業婦の手を藉るの必要なきに至る。すなわち醜業婦排斥運動ここに始まる。最初は一の新聞を興《おこ》すにもこれを促《うなが》して出金せしめ、宛《えん》がら醜業婦の機関たる観あるも、基礎ようやく成れば、独立経営を事とし、かえってこれを放逐するに勗《つと》む。

スエズ以西は欧洲醜業婦の勢力範囲に属し、絶東の醜業婦は隻影《せきえい》をも見ず。したがって労働者のごときもまたこれ有るを見ず。日本人のその以西に在るは英国を最も多しとす。その数二百人に垂んだり。大抵官吏もしくは会社員なるが、雑貨は概《おおむ》ねユダヤ人の手を経ざるを得ず。店の飾りは日本なりとも、利益はユダヤ人に帰する多し。仏国に在留せるは約五十人。パリには重もに公使館に関係ある者。留学生もあれど、画工の外は久しく留まらんとせず。リヨンには絹糸を業とするものもあり。ドイツに在るは約一百人、大抵留学生にしてベルリンを始め大学所在の地に散在し、ここかしこに遍歴《へんれき》して聴講す。オーストリアにあるは少許の留学生にして、ドイツ留学の心を以て在学す。

イタリアには公使館あるの外、長く留まる者なし。名勝旧蹟を遊覧するは少なからず。露都ペテルブルクには数名の留学生あり。商業地にあらざるが故に商店を見ず。商業の要地はモスクワにして、原の出張店あり。五六の日本人ありて商業を営み、前途好望なりと称す。オデッサに領事館あり。かつて石油運漕の目的を以て日本船を寄港せしむるの計画ありき。トルコの首府コンスタンティノープルにはやや大なる日本雑貨店あり、内廷に御用品を納むるもの、普通の商賈と趣を異にす。これ以外若干あれど、西方に散在するは概略このごとし。

更に転じて東方に観んに、ハワイは人口十五万、日本人その少半を占む。多くは砂糖畠《さとうばたけ》を耕し、普通の家居、下駄を穿《うが》ち浴衣を著け、一見郷土と異ならず。処々水田あるも、これを耕やすは支那人にして、日本人の労役するは主として砂糖畠なり。従来帰化を許さざりしが、近頃牧野某の一家族初めて帰化せり。米国の法律は白人とアフリカ黒人とに帰化を許し、二者の外に許否を明定せず、偏《ひとえ》に当局者の解釈に任《ま》かし、而してハワイにてはこれを許さずと定む。今回帰化を許されたるは解釈の改まりしが故にあらず。その人の雑種たりというに因る。この種の論はまたカリフォルニアにおいても耳にする所。その地帰化を許さざるに決せしが、東方に帰化を許すの地あり。行いて帰化し然る後ち還れば妨げなし。かのモルモン宗のユタ地方のごとき、自由に帰化を許すの地なり。他にもまた斯かる地あり。而も帰化の有無に拘《かかわ》らず、日本人の最も多く且つ最も利を得るはカリフォルニアなりとす。総じて米国西海岸の日本人には遊食無頼の徒多きに居るといわれしも、二三年来斯風ようやく改まり、また前年の悪評を聴かず、無頼漢を以て目せらるる者も必ず多少の職業を有せざる無し。サンフランシスコにおける靴屋の一半は日本人の手に属し、洗濯を業とする者多く、写真店、雑貨店、その他種々の業を営む者あるが、最も多きは農業に従事する者にして、中には成功したるも少なからず。

その首たるは長沢氏なるべし。葡萄《ぶどう》の栽培を以て成功せし人にて、その酒類を醸造《じようぞう》して日本へ輸出する一年一万二千ガロン、ニューヨークへ十万ガロン、英国へ二万ガロンに上る。現に幾許《いくばく》の財産を有するやは詳《つまびらか》ならざれど、広大なる葡萄園を管理し、一のミリオネアを以て目せらるるは事実なり。これに次ぐは芋王の綽名《あだな》ある牛島氏にして幾多の失敗に耐え、苦心経営竟に今日あるを致せり。今や隻手能くサンフランシスコにおける芋の相場を支配すという。芋の耕作はすこぶる難きもの。収穫少なければ損失、収穫多きに過ぐれば価格低落してまた損失、収穫多くして而も価格を低落せざらしむる。これその難事たる所以にして、あたかも相場を為すと相い類す。斯くて時に損失を招きたれど、フィリピン戦争の起こるに際して能く巨利を博するを得たり。芋は同一の地を忌み、しばしば地を変うるを可とす。故に氏は土地を所有せず、此方《こなた》彼方《かなた》に二三千エーカーの地を借りてもって収獲を務む。次は花園の主人堂本氏とす。サンフランシスコ全市の花は実に氏の支配下にありというべく、相場の高低を定むるまた氏の花園においてすというべし。現時有する所の花園は五六エーカーに過ぎざるも、新たに三十エーカーの地を購《か》い規模を拡大しつつあり。氏も多くの困難と辛苦とを歴《れき》たる人。兄弟五人善く一致して業を励みしこと、これ成功の本たりというべし。而して苦難の最も重なるは全市の花商人連合して花を買わざるに存し、いわゆるボイコットなり。連合の為めに花の販路を梗塞《こうそく》せらるるにおいては、小なるものは立《たちど》ころに倒産するを免かれず。氏もしば次この厄に罹《かか》りしも能くこれに堪え、今日にてはかえって逆に対手を窘《たしな》むるに至る。現に本年の春も氏に対しボイコットするの企ありしに、あたかも好しイースター祭日に会し、各戸必ず百合花を飾らざるべからず。而して百合花は最も多く氏の花園にあり。すなわちボイコットせる者に向い曰く、「善し、我が花を買うを欲せずば買わざれ。我また汝に売らじ。我は直ちに寺の門前に市せんし」と。これにおいて花商人ら窘困し、相率いて謝して曰う、「何ぞ敢えてボイコットせん。請う旧に依り花を売れ」と。かくして争いは全く氏の勝利を以て局を結べり。

事のこれに似て小なるは挙げて数え難きが、その能く成功せるは農もしくは農に関係ある事業にして、元と内地にありて農に経験なかりし者も彼地に入りて農に従事せば概ね成功せざる無きの状態なり。商業はこれと違いて称すべき少なく、この方面に成功するは支那人に多しとす。雑貨店にしてやや見るべきなきにあらざれど、更に発達せんことすこぶる難しとせらる。農に従事する者は能く辛苦に堪えて業を中途に廃せざる。すなわち少なからざる所得あり、故郷に帰りて優に金満家《きんまんか》の列に加わるるを得べし。

而もようやく東するに随いて農業の便利少なく、農を事とする者また少なし。シカゴには少許の商売あり。ニューヨークには商業を営む者少なからず、森林など特に大。三井、大倉の類また支店を設く。河を隔ててブルックリンに千余の労働者あり、多くは造船所に服務しつつあり。要するに日本人の東方に散在するは概略このごとし。

然らば斯く東西に散在せる日本人は如何に待遇されつつあるか。いわゆる異人種排斥は何人も直に感ずる所なるが、実は異人種排斥の語たる、甚しく拘泥《こうでい》するの要なし。皮膚容貌を異にする者と相い遇《あ》いて奇異の感を萌《きざ》すは普通有りがちの事。同一人種の間にありてさえ、初対面のものはあるいは呆者のごとくに見え、あるいは悪人のごとくに見え、而して相い見るの数々なる。すなわちその呆者ならず、また悪人ならざるを知ること稀《ま》れならず。いわんや皮膚容貌全く異なる者の卒然《そつぜん》相い遇うにおいてをや。他をして奇異の感を萌さしむるは当然のみ。

欧米人が日本人の来るを観て異感を懐《いだ》くは日本人が欧米人の来るを観て異感を懐くと同じ。初めは多少気味悪るく感ずることあるも、相い見る既に数々にして知ることようやく熟する。異人種なる念消えてまた斯かる感を起こさず。究竟異人種というは初めて相い遇うの際に起こる一時の感想に過ぎず、真に冷遇と優遇との別かるるはその人物職業の如何に因る。もしその人にして凡庸下劣なる、自ら冷遇を被むるを免がれざるべく、これに反し有能にして品格ある、自然に優遇せらるべし。人種の異同のごとき必ずしも問う所にあらず。

欧洲諸国には日本の労働者を見ず。総じて官吏、会社員、留学生なるが故に、彼ら白人をして特に悪感を懐かしむること少なく、ただ街路を歩する際時に冷語を発つを耳にするに止まる。而してこれを為すは労働者の徒、換言せば日本人と支那人とを混同する無識の輩にして、能く二者を弁識《べんしき》し得る程の者は多少敬意を表すと謂いて可。ただ土地により凡ての外人を冷遇するなしとせず、為めに日本人をして他の国人と均しく不快の感を懐かしむ。ドイツの北部のごとき、あるいは然り。ライプチヒに一教授あり。講義の際に言を作して曰う。「東洋人は愚者たり、現にここに一人あり」と。これを耳にせる留学生は痛く憤慨し、爾来忘るること能わず。而も斯かる事は独り日本人のみに限るにあらず、他にまたこれに類するあり。米国人がドイツに在りて快々として楽しまず、ロシアに入りて頓《とみ》に好遇を感じ、識らず知らずロシア贔屓《びいき》と為ることあり。ドイツとて留まること久しければ、彼また我を遇する親切なるべく、当初冷遇の言動を演ずるのたまたま人をして憤慨せしむる所以なりとはいえ、独境を越えて露に入り、坐《そぞ》ろに愉快を覚ゆるは事実なり。独の停車場と露の停車場と相い距る少許、而もこれを去りて彼に着する。万事皆な趣を変え、厳緊なりし役人は快活と為り、渋面なりしは世辞好きと化し、外人を見て直ちに握手し、助言し、不知案内の者をして不便を感ぜしむるなく、特に放談哄笑するの自由にして周囲の人々に遠慮を要せざる。皆な旅客をして愉快を感ぜしむるにあらざるはなし。

日本人も他邦にありて多少肩身狭く感じたるに、一旦露に入りてより揚々《ようよう》として濶歩《かつぽ》し、橇《そり》もしくは馬車にて疾駆すれば路傍の人皆な目を側つ。而してこれ元と故なしとせず。尨然《ぼうぜん》たる露帝国に幾様の異人種あり。現皇帝はすなわち百数十の小君を統轄する皇帝にして、中にチンギス・ハンの子孫を始めとし、蒙古人の右門名族多く、大礼の執行さるるに方り、これら皆な盛装華服して帝都に入り、露人の眼を驚かす。すなわち東洋顔せる蒙古人はあたかも右門名族なるかのごとくに目せられ、到る処に歓待せられ、東洋人なるが故にかえって幅の利くがごとき様なり。

なお米洲におけるを観るに、東方に在るは優遇せられて西方に赴くほど冷遇せられ、ジヤップなる名称の下に支那人と同じく虐使せらるとは常に人の言えりし所。而も数年来ようやく事情の更《あらた》まりたるものあり。西方に在るは労働者多く、労働者として遇せられ、もとより好遇と云うべからずといえども、また甚だしく侮蔑せられ、靴にて蹶《け》らるるがごとき事無し。元と待遇の厚薄はその人に存する事にて、もし風儀良くして信用を得る。その顔色は同じからずとも以て白人と伍して業務に従うに足り、事業の上に成功すること難からず。彼の高峰氏のごとき、初めて発明せるに方りては甚しき迫害を被りしも、迫害に抗してまた更に発明し、発明に次ぐに発明を以てし、遂に巨利を博し、今日にては白人にして成功せると異なる無きに至れり。

およそ成功に伴う迫害は、白人といえども免がれざる所。ただ刻苦《こつく》黽勉《びんべん》して挫折せざるの勇ある、すなわち事業の上に功を収むべきや必然にして、その人の西よりせると東よりせるとは問う所にあらず。特に留学生に至りては、彼我の際に何らの差違を見ず。中にも絵画研究の目的を以てせる者は、その能力直ちに絵画の上に表わるるに因り、また皮膚鼻目を以て差別せらるるなく、白色人種の間に交雑して愉快に研修することを得。

然らば日本人の能力は如何。白人と事を倶にして能く遜色なきを得るか、未だ充分に調査を経ざる所なりといえども、彼には身材極めて長大なる者あると共に、見極めて矮小《わいしょう》なる者あり。智愚善悪の差また然るべく、智と善とを見ればほとんど際限なく、愚と悪とを見るもまた際限なからん。彼国において衣服を購わんとする。胴は概して適合せざる無きも、袖は少しく長くして足は甚しく長し。すなわち日本人と白人とは胴相い同じくして手足の長短異なるを察すべし。而も帽子を購うは極めて易し。店頭に列するものいずれも著しく大なるは無く、直ちに或る一を冠りて以て歩するを得。すなわち彼我頭顱《とうろ》の大小特に異ならざるを知るべし。精細なる調査はもとよりこれを為すに難しとはいえ、頭と胴とに少差なくして独り手足に大差あるに徹する、畢竟白人は必要ならざる点において大いに発達せりとすべし。機械の発達せる今の世にありて、足特に長ければとて何の用をか為すべき。もしくは手較々長しとてまた幾何の利かある。真に要する所は指頭《しどう》の巧拙にあり。而して指頭の働きは白人の長ぜざる所。然るも両者の優劣如何に就いては所説一ならず、使館および会社に在りて坐業に服する者は大抵日本人の劣るを言い、体力も我れ劣り、脳力も我れ劣る。到底共に競争するに堪えずと、まず我れの若《し》かざるに一致するごときも、彼処に在り、困難辛苦の余に成業せる人々は毫《ごう》も斯かる念を懐くなく、かえって我れ能く彼に優ると為し、思えらく我れ彼に劣るの弱点なし。寧ろ白人において多くの愚劣なる者を見ると、農業を以て成功せる多くは斯く信じて疑わず、皆な白人の興みし易きを言わざるなし。

カリフォルニアにては葡萄の栽培甚だ盛んにして、成熟の期に際する、往々一二日を争い、もし一二日を遅くるる、為めに腐爛《ふらん》して用を為さざるに至る。これにおいて白人の労働者は左手に籠《かご》を把《と》り愴忙《そうぼう》として撮取に従い、力の限りを極めてなおおよばざること数々なるも、日本人をして賃銀を定めて請負わしむる。すなわち双手以て撮取し、必ず期を遅くるる無くして事を了《おわ》る。故に今日にては日本人を以て葡萄の撮取に必要欠くべからざる者と為すに至れり。独り葡萄に限らず、砂糖大根もまた然り。菊苗を作るもまた然り。菊苗は今や堂本氏の一手にて作る所。白人はこれを作らんと欲するも能わず、強いて作らんとして労するも枯株腐根《こかぶふこん》をして萌芽よりも多からしむるを常とす。その他小事にして白人の短なる所に日本人の長ずるあり。大工を雇い室内の損所を修繕せんとするに、白人の大工に命ずれば往々日を要する多きも、日本人の大工を雇えば日ならずして了るごとき、実にその一例たり。これ職業のやや下等なるものなるが、更に上りて機械の運転に従事する者もまた然り。日本人を雇使する工場にてその業務に勘能なるを称せざるなく、ハワイの砂糖製造場にては、日本人は同一の給金を受くる白人よりも首要の事務に鞅掌《おうしょう》し、機械の複雑なる方面に当り、白人の一般に難んずる所日本人これを担当して不能を示ししことなし、給料は白人の多く受るに若かざれど、彼らの多く受領して而も少なき者よりも劣れる事務に服する。これ我れのこれに優るを証するものにあらずして何ぞ。もし然らざる、決して斯かる奇態を現ずる無からん。我が留学生の彼国に在る者、また能く白人の学生と匹敵するに堪え、中には彼に優るさえあり。ただ帰朝の後《の》ち停滞して少しの進歩をも見ざるの常なれど、そは周囲の境遇の然らしむる所。一概にその人をのみ咎《とが》むべからず。彼には四面より刺戟するの多きに加うるに、研究の材料多く、種々の設備整い、自修の便利極めて多きに、我にはすなわちこれ有る少なく、たまたま研究に熱心なる者あるも、ただ念《おも》いて已《や》まざるべからず。我れ豈に遂に彼に譲るものあらんや。

人種の優劣は軽々に断ずべからざる所。これに関する議論の紛々たる東西皆な然り。黒人の合衆国内に在る幾んど人口の十分の一に居る。彼らは今なお卑視せられ、虐使せられ、愚劣と誹《そし》られ獣類と罵《ののし》らるるも、下等の仕事を為すに当り白人と比して如何の差違かある。白人には学芸に長じ才能の秀ずるもの素よりこれ有れ。然れども普通の労働に従事するにおいて如何に黒奴に優るとするか。特に等差の見るべき無きは到処に検知せらるるにあらずや。已れ優者にあらずして而も漫《みだ》りに他に誇る。如何に誇るとも竟に他に勝ち能わざるや必せり。

かくて黒奴は合衆国人口の一要部を占め、非常の酷遇虐使《こくぐうぎゃくし》を受けて発達を妨げらるるといえども、白人に対して敢えて下らざるの勢を示し、気候酷熱なる地方にてはますますその力を伸ばさんとす。故に南部の地方においてこの種族を見ること殊に多きが、新たに開発せられつつある南アフリカにおいて最も甚しとす。南アは種々の新事業の勃興し、人力を要すること多く、成るべく白人を雇使するの計画なるも、白人は仕事の上より打算して黒人に優るあらず。白人を以て黒人に比する効力において一に対する一三の割にして、賃金はすなわち一に対する三ないし四の割なり、それ三四倍の賃金を収めて僅かに一・三の仕事を為す。これ利益を目的とする資本主の悦ぶ所にあらず。黒人の雇使を止めんとして而も止め能わざる、故なしとせんや。彼黒人すら必要視せらるるこのごとし。いわんや日本人においてをや。日本人のこれに比して更に優るあるは昭々として明なり。如何に排斥せんとするも能わざるべきや疑なし。

従来日本人排斥の声を聞くこと一再に止まらざりしも、このごときは特に憂慮するの要なきもの。これを事の実際に徴する、排斥の声は単《ひと》り日本人に対してのみ高きにあらず、他国人に対してもまたこれ有り。而してこの声の高く叫ばるる多くは選挙の際においてし。ただ一時の便利を得んとするに止まる。これを以て忍耐する事数月なる。その声自ら消え去る。然れども日本人の近時益と必要視せられ、且つやや好遇せらるる。一には渡航者の風儀ようやく改善し、遊食無頼の徒の少なきに因る。支那人は悪事と不潔との巣窟を以て目せられ、中には資金を得て人を殺すを業とする者あり。警察はこれを知るも咎めず、寧ろその殺さるるの多きを可とする風あるが、このごときは断じて日本人中に見ざる所。特に不潔ならざると鴉片《アヘン》を口にせざるとを以て称せらる。風儀悪しき日本人をして多く彼地に航せしむるは望ましからざる所なれど、風儀悪き者とて何処までも抑止するの要あるほど彼地において注目せらるるにあらず、一層取締りを寛にするも差支なかるべく、渡航者の数なお更に増加するとも、就いて職業を求めしむるに易々たり。

現時日本人の米洲西海岸に在る者三万を下らず、ハワイに在住する七万を加えてほとんど十万に余まる。

一見すこぶる多きがごときも、試みに他国人のこれに移住する数を以て比較する。我は遥かの下位にあり、ドイツ、アイルランド、ロシア、オーストリア、イタリア諸国人の移住し来たる一年に六十万ないし八十万に上る。総数三万と称する日本人の極めて少数なること言わずして明らかなり。たとえ日本人排斥の声の高きを致すありとも、その移住すべき地はなお茫《ぼう》として広し。更に幾倍の増殖を見るも決して狭きを覚えざらん。行いて彼地に職業を求めんとする者は容易くこれを求め得べく、普通に勉強して浪費せざる。すなわち能く儲けて貯蓄を得べし。総ずるに方今日本人の海外に在る者、その大いに成功せるはこれ無きも、可なりに成功せるはこれ有り。金満家の列に入れるはこれ有り。而して爾来ますます伸ぶべきの望は到る処にこれ有り。日本人と白人と究極幾何の等差ありやは判明し易からず。ただその白人と伍して高く頭首を擡《もた》げ居らざるは事実なるも、さりとて頭首の甚だしく低下せるにもあらず。中にも業務においてすこぶる有望なるあるは断々として疑うべからず。敢えて自ら卑屈にして他を尊び他を畏れ他の背後に屈従するの要なきなり。

# 支那人との交際

我が国と支那と密接の関係を有し、我れ彼に商工業の流通口を求め、彼我に新知識の供給を仰ぐ。いわんや千数百年来の事情よりして、彼我の交際を保持するに多様の便利あるにおいては、ただますます親密を計らざるべからざるは言わずして明らかなり。我が国人の支那に旅行し、また彼地に留止する者逐次多きを加うるは数の当に然るべき所とす。およそ外地に行きて土着の人と交わるには交際の便法として彼の国情風俗に通じ能くこれに応ずべきは衆の一般に認むる所、支那において特にその然るを見る。その言語を漢にし、その頭髪を弁にし、衣服挙動皆なこれを支那にするは場合に依りて必要ならずとせず。ただ我が国人は支那の風を欽せざる者。未だ彼地に赴かざる間、能くその陋にして弊多きを知り、時にその形を装うはこれと交際せんが為めに過ぎざるを知る。これ蓋し知るの謬らざるもの。

彼国に旅行し、留止すること久しければ自然その風に浸染し、ただに形を支那にするのみならず、心をも支那にすること稀れならず。軍人にして才名の高かりし者も彼地に在ること数年にして帰り来るに、何処となく支那の風を帯び、往日の駿才《しゅんさい》は駑鈍《どどん》に化し、茫漠《ばくぼう》として要領を得ず、而して自ら知らざるに至る。有志家として彼地に旅行する者も久くして帰れば、同じく支那の風に化し時に大言放語して豪快の態を装うも思想固定してほとんど人の言を解するを得ず。支那に遊びて支那人と交際し、而して支那の良風に善化して支那人と類似するはなお可。支那人の長処《ちょうしょ》を享《う》けずして短処《たんしょ》を受け、彼の良風に摸《ばく》せずしてその悪習に染むは、事の不可なるこれより大なるはなし。事に当りて能く忍耐し効果を収むるに勇なるは宜《よろ》しく交りて習うべきに、国人はこれに就きて纖毫《せんごう》の受くる所あらず、徒らに大言して豪放自ら衒《てら》い、而も因循苟且《いんじゅんこうしょ》、規律を守らず理解力の鈍きにおいてのみすこぶる彼に類す。その受くべきを受けずして、受くべからざるを受くるは、洵《まこと》に慨《がい》すべしとす。

このごときはあるいは以て普通の交際を円滑にするに便ならんも、たまたま権利もしくは利益の関係に及べば大抵得る所鮮《すくな》く、交渉対談するに方りて互いに因循を以て因循に対し、不規律を以て不規律に応じ、茫莫要領を得ざる言を交換するの後、率《おおむ》ね彼の制する所と為りて止む。これらの点は宜しく深く注意すべき所にして、その身親しく彼地に赴く者の省慮すべきのみならず、内地に止まる者の均しく戒慎を要する所たり。

我が国人の支那人に対するは欧米人の彼に対するに比し便利を占むる多大なるに拘らず、権利問題または利益問題の起こる毎にかえって欧人のごとくなる能わざるは、独り国力よりするにあらず、彼ら更に支那人に対するの法を熟知すればなり。支那人に対するに支那人の風を以てするの便利多きは言うを須《ま》たざれど、支那人は由来はなはだ辞令に巧みに、支那風を以てこれに対し、辞令によりて彼に勝たんことは極めて難たし。彼や詐術詭謀《さじゅつきぼう》を以て勝《ま》さり、公然相い対して談合する所、陰然裡面《いんぜんりめん》においてこれを毀《こわしや》ぶるに長じ、対手《あいて》をして辞令の上に要領を得ずして屈托せしむることすこぶる妙なり。欧米人のこれに対するや敢えて辞令に拘《こだ》わる無く、断々《だんだん》として自己の権利として利益とする所を主張し、直入直進してそれを獲取《かくしゅ》するに勉《つと》め、自ら談判しもしくは領事公使に依頼して急速に決定するの方略を解せり。而して公使領事およびこれに従属せる者また皆なこれを解し、他をして辞令を巧にし瞞着《まんちやく》し去るの余裕なからしむ。我が国人たる者すべからくこの呼吸を会得し、一旦主張する所ある。断然我がこれとする所を求めて前行し、あえて彼の瞞過《まんか》し左右する所と為らざるに勉むべし。約言せば正面よりこれを獲取するの途を採り、而して平生の交際に因り彼を柔らぐるを肝要とするなり。然るに我が国の今日採る所は平生の交際に因りて彼を柔らぐるを主とし、たまま正面より要求するあるもその辞令の巧詐《こうさ》なるに瞞過せられて獲る無きに了ること多し。彼に駐在せる公使領事は近時すこぶるここに留意し来れるが、その実を挙ぐるにはなお多少の困難を感ぜんか。

支那人との交際をして倍々隆盛ならしめざるべからざるはもとより論なし。ただ漠然交際を盛んならしむるに力を致して他に考えおよばざるは、すなわち不可なり。普通の交際と事件の談判とはその間自ら緩急のあるあり。談判に際して仁義といい、唇歯輔車《しんしほしや》といえば、事毎に彼の制する所と為るべく、寧ろ権利の要求すべきあれば、我が内地に在りて要求するがごとくするに若かず。道理も主張も総べて我が日本に在りて当然とするものを採り、飽くまで強硬の態度を持してこれに対すべし。一たび情質に纏綿《てんめん》せらるれば立ろにその瞞過する所と為りて喪敗に終わるべきや必せり。然れども尋常の交際を支那流にするはすこぶる便。成るべく支那流にし、ほとんど支那人と差別なきに至るもまた可。ただこの間の差別を念頭に置き、緩急これに応ぜんことを料るべきのみ。

久しく支那に留止してその国情に精通する者必ずしも称すべきにあらず。支那風に依りて支那人と交際するも、彼に化せられて彼に制せらる。何の貴ぶべきか有る。支那に旅行し留止する者は深くこの辺に考慮する所無かるべからず。もとより永久支那に留まり、あるいは土人同様の事業に従わんとする者は全く支那風と為るも可なり。単に通訳官たらんとする者もまた支那風にして妨げなし。今日通訳官に対して種々の非難あるも、往年戦役における功労は、実に没すべからず。かかる場合に適するが為めにただ支那風を学び支那化するも好し。その支那に在りて通信報告の務に従う。また皆な支那化するの利便饒きを察すべしといえども、彼の官庁に対して交渉する任に立ち、もしくは彼の人民と共同して事を起さんとするには支那風に化し支那の事情に慣るるというを頼むべからず。斯のごときは適々以て彼の欺騙に罹るに過ぎず、軍人にして地理視察の用を帯びて彼地に赴く者のごとき、特に支那化するを戒むべし。すなわち人の支那に行かんとする、予め用意する所あるを要す。まずその思想を練りその目的を定めて然る後徐ろに征途に就くべし。慢然支那観察の念を持して発程せば、往々支那化せらるる恐れあり。自ら支那化せるを暁《さと》らざるも、帰来国人に接すればすなわち被化《ひか》の跡歴として掩《おお》うべからず。奮然国利を計らんとして支那に発程し、留止幾年、還ればすなわち支那の風に浸染し、ややもすれば全く支那化せらるるは、いわゆるミイラ取りのミイラに化すると異なるなし。豈にその人の為めに惜しむべく、また国家の為めに惜しむべきにあらずや。

これを総ぶるに普通一般の商工業に従事するの目的を持して支那に赴く者は従前《じゅうぜん》に比して一層その人の衆からんことを冀望《きぼう》せざるべからざると共に、やや抱負の大なる者に去りては往日《おうじつ》の征途に上れる者よりは更に素養の厚く決意の堅からんを望まざるを得ず。尋常の漢学者のごとくんば、彼地に居住する弥々久しければ弥々その化する所と為り、竟には言う所散漫にして孟浪《もうろう》、行う所因循にして不規律、要領の得られざる凡当の支那書生に類似するに至るべし。戒めざるべけんや。

# 真善美日本人

## 日本人の本質

日本人《にっぽんじん》とは何ぞや。これ何らの問ぞ。問う者既に日本人たり。而して自ら日本人たるを知り、問わるる者もまた日本人たり。而して自ら日本人たるを知るなり。されど日本人とは何ぞやという、この問に接して嗒然《とうぜん》として語なからん者皆これなり。日本人とは何ぞや。日本の人なり。日本の人とは何ぞや。吾れ答うる所以《ゆえん》を知る。吾れ答うる所以を忘る。

日本人、日本の人。黙して想えばその意義ありありとして幻像のごとく眼前にちらつけども、口を開けばすなわち忽焉《こつえん》として影を失う。室を照すの蠟燭はあれども、心底にはかえって暗黒の処あり、能く千里の目を極めて、すなわち睫上《しょうじょう》の塵を認めず、遠きに求めて近きに失するは、物しばしばこれあり。呱々《ここ》として地に墜《お》つるより双眼一瞑《そうがんいちめい》するに至るまで、刻々刹那《こくこくせつな》、一呼一吸、会て間断《かんだん》なく消費する空気、その性質の明らめられしは、極めて近世の事たり。社会なるものあらずや。人に資《よ》て成立し、人資て群居す。思う所言う所、これと関係せざるは稀《ま》れなるべけれども、而もその原理を尋釈敷演《じんしゃくふえん》して、一の学科を形づくりしは更に近今の事たりき。日本人彼自らが日本人の何たるを明らめざるも怪しむべきにあらざるなり。

思う、今代の知識は幻像的をこれ尙《たつと》ばず、説明的、論証的を主とす。いわんや自ら知るを明という。自ら知らざる者何を以て他を知らん。すなわち日本人が自ら日本人の何たるを言う能わざるは、今代の知識に欠けずというべからず。而して自ら知るの明に乏しからずというべからざるなり。よって自ら揣《はか》らず、いささか為に論証して世に問うことあらんとす。

日本人とは何ぞや。曰く日本の人なり。日本の人とは何ぞや。曰く坤輿《こんよ》の図を披展《ひてん》すれば、看《み》るアジア大陸の東、太平洋の西、大陸小嶼《しよ》相連りて虬龍《きゆうりよう》のごときを、名けて日本という。数千年来、元々ここに殖す。すなわち名けて《なつ》日本の人というや。されども瀛海《るいかい》の水、舶を載せ艦を漂わし、万邦比隣朝に往き夕《ゆうべ》に還る、名《なつ》けて日本島といういえども、碧眼紫髯《へきがんしぜん》の胡人《こじん》も居るなり。豚尾髪《とんびがみ》の清人も棲むなり。前朝衣冠の名残を留めたる韓人も来り、捲髪厚唇にして裸体なる黒奴も往くなり。相生《あいせい》し相殖するとて必ずこれを皆日本の人といわんや。日本の人とは何ぞや、曰く日本島を統轄《とうかつ》するの政府なる者あり。命をこれに聴く者、斯にこれを日本の人というや。

それあるいは可なり。そも何をか日本島を統轄すという。また曰わん、ここに殖するの元々《げんげん》を統轄すと。如何にこれを統轄するか。元々相殖し、蠢爾《しゆんじ》として動き、雑然として群がる。蛆《うじ》の蠢くがごとく、野禽《やきん》の集るがごとく然らば、何処より手を着けて如何にこれを統治せんとする。如何にこれを管轄せんとする。朽索《きゆうさく》の六馬よりも甚しく、善御者といえども為すなけん。曰く既に相集《あいあつま》り相殖す、また相共に為す所あらんのみ。相集りて商業賈販《こはん》を営むか、すなわち日本はただこの市場、日本の人をただこの市賈《しこ》たりという、可ならんや。

更に工業技芸を作すというか。市場に加うるに職工場を以てし、市賈に加うるに大工左官鍛治陶漆の工を以てす。斯にこれを日本といい、日本の人という、可ならんや。更に宗教ありというや。市場、職工場に加うるに僧侶の寺院、教会を以てす。斯にこれを日本というや。教育を加え、学術を加え、かれを加えこれを加う、加うる所限りなく、而して雑然紛然《ざつぜんふんぜん》もまた限りなく、限りなきの雑然紛然、すなわちまさに如何にこれを統轄せんとする。活潑潑地《かつぱつはっち》の元々相生し相殖する。斯のごとく紛然雑然にして止む者ならんや。箇々の産業、箇々の作用、頑爾蠢爾《がんじしゅんじ》として機械的に組織し、形成するのみにして止む者ならんや。彼その集るや必ず一体の国家を形づくる。

その啓発するや、微なる種子の茁《さつ》として芽を生じ、単子葉を開き、双子葉を開き、茎を長じ、幹《みき》を長じ、枝を岐《き》し、葉を茂《しげ》らし、而して花さき、而して実るがごとく、純然たる有機体を為して発達す。草のごとく、木のごとく知覚なきの有機体にあらずして、総体に通じて意識を具有し、動物よりも、人類よりも荘厳高大なる優等の有機体を形づくり、通商、工業、宗教、学芸、皆これが一官能とし、一機関として発達し、而していわゆるこれを統轄すという所の政府その物も、またこれが一官能、一機関として、かの統轄せらるると認むべき者と、同じく共に発達するなり。

斯のごとき有機体、徒然として集り、偶爾《ぐうじ》にして群する者のことさらに望んですなわち建設し得べき者にあらず。知らずや人類の能、未だ些小《さしょう》なる菜芥《なからし》の種だもその手において造る能わず、いわんや人類それ自らよりも高上なる大有機体をや。さればギリシアの半島は、桑田《そうでん》未だ滄海《そうかい》となりしにあらず、環海依然《かんかいいぜん》、港津旧のごとく、アテナイの規模、スパルタの残墟《ざんきょ》なお指すべからざるにあらず。而もヘレニースの列邦一たび滅して後、これに入りて棲住する民族踵《きびす》を接すれども、レオニダスの義勇、ソフォクレスの道徳、プラトンの観想、フィディアスの美術、ホメロス、ソフォクレスや文学のギリシア国は再び見るべからざりき。アペニンの峯蒼うして、テヴェレの河波白し。地中海を包括して三大陸に跨れる無前の大国を成就せしローマ創基の半島は山光水色《さんこうすいしょく》、昔にかわらずして、ラテン族の裔孫《えいそん》は連綿としてなおこれに接住すれども、俠武《きょうぶ》果敢《かかん》、規度宏遠なるスキピオ、グラックス、カエサル叔姪《しゅくてつ》の経綸、ウェルギリウス、カチュルス、キケロの文字のローマ国に一覆してまた建つべからざるなり。人力の能く及ぶ所ならざるや、すなわち然り、その種子より萌芽《さくが》し、発育し、繁茂するに至るや、齢を算する千百を以てす。またその必至の状勢を以て啓発せるを見るなり。すなわち日本の国家あるがごとき。また豈徒然として集り、偶爾《ぐうじ》として群するの能く成す所ならんや。

年暦の詳にすべからざる、神秘の古事記が現実に活劇せる数千年の昔より、生殖し、孳息《じそく》し、分合し、拡大し来って、若《かく》のごとき無慮四千万の親愛なる昆弟《こんてい》を致し、歳月の久しき、境遇の千種万様なる。陶《とう》してこれを治《ち》し、醸《じょう》してこれを成《な》し、以てようやくにして若のごとき日本の国家を形づくりしなり。斯《かく》のごとき国家、すなわち望んですなわち造り、日を期し挙手投足して弁ずること、主意書を広布して会社を組織するがごとく然るにあらざるなり。斯のごとき歴史ある日本の国家に分子たるの人、斯にこれを名づけて日本人というなり。

そも大塊の面は広し。仮に分って両半球とす。その上に国するもの何ぞ限らん。人類としてこれに生じ、而してその居る所の処を求む。亜欧墨濠《あおうぼくごう》、唯々吾が撰ぶ所のまま、然るにすなわち好んで局促《きょくそく》して某の国家に属すという。愚もまた甚し。蓋《なん》ぞ好む所にこれいて好む所に棲住《せいじゅう》するの至当を取らざる。山の麋鹿《びろく》、水の鳧鷗《ふおう》、爾《なんじ》が伴たり侶たるを拒まざるにあらずや。ああ何の故《ゆえ》にか人類は国家という鉄鎖の下に縻《び》せられざるべからざる。これ誠に故あり。

それ石は冷々の物なり。鉄もまた冷々の物なり。而も石と鉄と相撃ちて而して火はすなわち発す。人類を看よ。その体軀《たいく》の矯小なる、あるいはその禽某の獣にこれ如からざることしばしばこれあり。然れども矯小《きょうしょう》なるその体軀が潜蔵する偉大の勢力、煢然《けいぜん》として索居すれば、もとより由って見はるる所なしといえども、他と相競い、同類相触れて、これを磨《ま》しこれを礪《れい》すれば、璞玉《ぼくぎょく》光を放ちて漸々《ぜんぜん》にその体力を露出し、独居の無能は忽《こつ》として他の一人と力を角するによりて有能となり、一人の一人と競うの能力は、十人の一団と相角するによりて倍蓰《ばいし》し、十人の十人と競うの能力は、百人の一団、百人の一団と相角《あいかく》するによりて更に相倍蓰《あいばいし》し、以て千に至り、万に至り、十百万に至る。百万の団体、かれとこれとの二に止まらずして、若干の積数相対抗して相角し相競えば、その能力を表露《ひょうろ》することますます以て洪大を致し、かくて人類の繁殖は原人の無量劫前《むりょうこうぜん》より急湍直下《きゅうたんちょっか》、自乗三乗の程を以て進み来り、而して画することなき能力の増大はようやくここに円満幸福の地位に向って進むなり。

円満幸福とは何ぞ。真を極め、善を極め、美を極むるの謂《いい》なり。真を極むること如何《いかん》。太陽の距離を測るがごとし。金星の経過によりて太陽の距離を測る者は、及ぶべく多く、及ぶべく異なる地よりしてこれを為すを要す。一二の地を以て卒爾《そつじ》これを定むるは精密幾《き》すべからざるたり。異なる標準、異なる目的、異なる関鍵《かんれん》によりて、異なる彙類《いるい》を為す事及ぶべく多くし、而も以て一に帰する道理の真に幾せざるべからず。廬山《ろざん》の形、かなたよりは峯《ほう》と見ゆるも、こなたよりは巒《らん》と見えん。峯を執り巒を執り、彼是此非という。廬山の真《しん》、終身見われじ。善を極むるも然るなり。突如として一朝《いっちょう》思わずも一事を行う。更にこれを一事に徴するに謬《あやま》らず、更にまたこれを一事に徴するに適《かな》うことあり。自ら事の甚だ宜しきを得たるを確信し且つ人に誨《おし》うるに、人聴いて而してこれを他事に行えば、到る処に扞格《かんかく》して排撃せらる。反り告ぐれば自らもまた疑《うたが》うことあり。而して後競々《きょうきょう》として畏怖し、己れ取る所の業務を凝滞《ぎょうたい》するに至る。蓋《けだ》しまた徴する所偏局《へんきょく》するの過のみ。邪悪、困難、害毒、災殃《さいおう》、投ずるとして卓爾《たくじ》として立たざるなき。毅然《きぜん》として守る所を失うなき。庶《ねが》くは善の極を見んか。利器の利や、必ず盤根錯節《ばんこんさくせつ》を待ちて而して後に知る。鋩刃霜《ぼうじんしも》のごときも、外観の人を欺く。一たび闘いて刀々相接すれば、脆《もろ》くも折るるものあるなり。美を極むるも然るなり。

純白と純黒と、もしくは純赤《じゅんせき》と純青と、以て色彩配合の妙を画せという。幾箇の直線、幾箇の曲線、以て形象変化の致を極めよという。天下の至工といえども手を措くなきなり。必ずや万種の色彩、万種の形象、組織配合、宜しきを料《りょう》りて用いざるなく、斯に美の極を見るを得ん。錦繍《きんしゅう》を織る者の赤紫金碧《せきしきんぺき》兼ね用いるがごとく、絵画を作る者の濃淡燥潤《そうじゅん》並び行るがごとく、彫刻を為す者の曲直傾正《きょくちょくけいせい》ことごとく運するがごとく、もし用いる所を画せば、奇はあるいは能くす。美はすなわち知るべからざるなり。これを総ぶるに真なり、善なり、美なり。個々の特色、これを彙集《いしゅう》すること極尽し、これをそこに寘《お》くこと法に合す。すなわち初めその極致に達すべく、これを達するの道はまた最も特色に秀絶せる特異の者をして、おのおのその特能を尽さしむるに在るのみ。

人類億兆、坤与《こんよ》を画しておのおの拠有する所あり。曰くその国家、某の国家と、時にはすなわち相軋轢《あつれき》し、時にはすなわち相争奪し、時にはすなわち相謀虐酷遇攻伐戮《ぼうぎゃくこっくうこうばつりく》す。その状や仁人君子の視るに忍びざる所の者ありといえども、豈知らんや。このごとき不祥惨憺《ふしょうさんたん》の現象もまたかの円満幸福に達するの駅程たり。舟筏《しゅうばつ》たるを、その相剋殺する所以は、すなわち相磨礪《あいまれい》して大いに潜光《せんこう》を発する所以なり。国家を成す者多し。彼皆おのおのその特能を尽してその特色を秀絶せしむるの任務を負うて而して立てり。今や欧米諸国の勢力強盛んにして、向う所前なく、日月に波及してほとんどまさに寰宇《かんう》を挙げて氾濫の中に没せんとす。没す、すなわちその旧の特色を泯滅《びんめつ》して、その自らの特能を伸ぶるあるのみ。これいわゆる真を極め、善を極め、美を極むる所以において、果たして損傷する所なしとするや。

自然が冥々裏《めいめいり》にその不測の勢力を応用するや、アジア諸国敗亡相踵《あいつ》ぐの際に在って、絶海の東、蕞爾《さいじ》たる嶋国、なお屹然として独立の日本帝国と称するを得る。これ故無くして然るべからず。意《おも》うにまさに大いにその特色に用いらるるあらんとするや。日本人が大いにその特能を伸べて、白人の欠陥を補い、真極《きわ》り、善極り、美極る円満幸福の世界に進むべき一大任務を負担せるや疑うべからざるなり。粋然《すいぜん》たる霊秀の気の萃《あつま》る処、赤人《あかひと》が詠みし不尽の根は、八面玲瓏《はちめんれいろう》旧のごとく、石山寺に紫女《しじょ》の天才を揚揮《ようき》せし塩ならぬ海は、花より朧《おぼろ》なる松の影依然たり。五十三亭、一夕に電過《でんか》すれど、三保の松原、浜名の橋、夕暮の寂しさ、心ある人の眺めに入り、和歌吹上玉津島、淡路島より須磨舞子《すままいこ》、瀬戸内の月は、舷《げん》を叩いて見る人なからんや。北海の浪険にして、奥羽信越の山峻《やまたか》し、風雨怒号、海若怒り、山鬼荒る、凄じさの程いかばかりぞ。これに生れこれに養わるるの日本人、その理想の特色、礼文風尚《ふうしょう》、辞章美芸《じしょうびげい》、昔において彼がごとく優秀なりしは、内外のようやく認めんとする所。彼震旦身毒《しんたんしんどく》より遼遠《りょうえん》なる域土を知らざる昔の日本人、その成就する所既にしかく荘厳美麗《しょうごんびれい》なりしを、東西闘乱の風尚一たび定まらば、寰宇の人類に対して重大の任務あるを自ら認むるの日本人、豈五洲の大局をその特色ある理想中に融化して、円満幸福の地位に進むの一警策《けいさく》を与うる能わずといわんや。

## 日本人の能力

日本人が重大の任務を負担するを疑うべからざるも、能くこれを負担するに堪え得るや深く察すべきなり。縁の下の力持とは匹夫匹婦も卑しむ所の語、その力なくしてその事を為さんとす。志気壮大いにして謀計確偉なるも、識者いずくんぞ取ること有らん。

問え、日本人の能力果たして渠《か》れが任務を全くするに足るか。憾《うら》むらくは人の多くここに断言するに躊躇《ちゅうちょ》するを。今や海風の夢に魘わるる困睡漢は論なし。その内の尊むべく外の畏るべからざる、自らも唱え人にも諭す一流の見識家に在っても、その信念の底を叩かば、欧米人の優等人種にして我の輙《たやす》く企及《ききゅう》し難きを危まざるは尠《すくな》からん。為にその交際において、毎《つね》に一着を彼に譲り、彼の前をかねて自ら戒飭《かいしょく》するがごとき卑しき情念の胸にまつわるを免れず、独り工芸学術、制度文物多くは彼に学び彼に採りしが為めというのみならず、その根底において、その天分において、我もとより彼に譲らざるべからずとの迷信、心眼の表に横わりて、外人崇拝の念は実にここに萌芽し来れば、任務の軽からざるを悟りて民性の発揚を図る者の尤《もっと》もまず注意せざるべからざる所なり。

且く看よ、日本人が彼の欧米人におよばざるがごとき。一見してまず感ずるはその体格に在らん。アーリア人種類の特徴として、彼皆骨格偉大、肢体の均衡宜しきに適う。而して日本人はすなわち体駆矮小、やや俯屈し、歩《ほ》慈《じ》矯直《きょうちょく》ならず。これにおいて差違あるは明確争うべからず。生物学者は既に人類競争の結果、優者が体格偉大いにして肢体度に合うべきを論じ、高名なる社会学者もその著書において未開種族の孱弱《せんじゃく》にして、欧米開化の国民の偉大強壮なる所以を極論したり。

されども今の開明国民が体格の偉大なる、何ぞ必ずしも体格が開化に関する所以を証するに足らんや。蓋し腕力競争の風久しく存せるの民に在っては、体軀長大、梱《こん》を執りて格闘するに便なるもの毎に勝ちて生存し、以てかの偉大なる種族を形づくるに至る。水草を趁《お》いて転徙《てんし》し、猛獣と馳逐して山谷を跋渉《ばっしょう》し、群居相資くるの法に拙き民族が、概ね偉大なる体格を具するは実にこれが為めなり。かの市邑《しいふ》を成し、耕耨《こうどう》を知り、おのおのその業に安んじ、昔に在って邦土社会《ほうどしゃかい》の早く平和の結合を成せる民族のごときは、その戦うやまた隊を作し伍を成し、勇者独り進まず、怯者《きようしや》独り退かず、かつて個々にして力を角し技を競うことを為さず、故に軀幹《くかん》の長大、筋骨の弩張、必ずしも要せず。而して小弱《しようじやく》なる者もまた偕《とも》に存活するを得て、随って民族全体の体格大いに発達せざるを致す。故に軀幹の大小、肢体の均否は、ただその民族が従前処する所の境遇に関す。アーリア人種の彼がごとき、日本人のこのごとき、またただその個人競争の風、その社会に行わるるを久しかりしと否とに由る。その開化がこの異同に職由すというがごときは妄《ぼう》の甚しき者のみ。且つ時代の推移して、機巧《きこう》技術のようやく精なるより、筋を労し体を動かすこと随って少なきを致せば、体格の倔強《くつきよう》はますます用いる所なきに至らん。戦に看よ。刀を振い槍を使い、短兵急接するの日においては、力の強き体の大なるは極めて必要なりしも、銃砲射撃の世となりては、鼎《かなえ》を扛《あ》ぐるの力、雲衝《つ》く大の丈夫も、大なる用を為さざるにあらずや。斯に知る、開化に直接に関係するは、幹軀肢体《かんくしたい》の偉大倔強《くつきよう》にあらずして、寧ろ智力に在って存するを。そも智力は脳髄の作用なり。アーリア人種族の頭蓋廓大《ずがいろう》いにして、前頭の秀出せるは、以てその容るる所の脳量の大を示すべく、更に以てその智力の強大を証すべしというか。かの鷹の眼光深々として、凹陥《おうかん》せるを見ずや。北海道土人が前額《ぜんかく》の秀出せるを見ずや。蓋し往古アーリア族が遊牧定居《ていきよ》なきの民として山野を跋渉するに当り、雨灑《そそ》ぎ日曝《ひさら》すの際に往来し、瞳を定めて前路を凝視するの習、眉頭の突出に与りて力あらずとせず。以てその脳量の大を証すべしといわば、これ北海道土人の智、また日本人に過ぐというべきか。

そも加うるに頭蓋の廓大《かくだい》を以てすれば、その脳量の大なる欺くべからずというや。かの象を見ずや、その頭顱《とうろ》の大なる。随ってその脳量の大なるは人類に優ること若干《いくばく》、而も以て運らすべき所の体軀の龐大《ほうだい》更に数倍の大を加うるが故に、象の智は人類に下ること甚しきにあらずや。体軀の龐大《ほうだい》はまた脳髄の大なる量を要す。その本を問わずして徒らにその末を較《かく》せば、数寸、挺も百尺の竿より長からしむべきなり。すなわちその外貌を瞥過《べっか》して、直ちに日本人の智力、アーリア族におよばずと断じ去るは、軽卒の至りなり。要するに日本人が他の種族における優劣を評定せんには、精《くわ》しく智力その物に就いて比較討究するより捷《しょう》なるはあらじ。

智力、その処るや度以てその大小を知るべからず。その動くや数以てその遅速《ちそく》を記すべからず。これを比較すること極めて難し。而して日本人の智力を証明すること尤《もっと》も難きなり。功業事蹟これを量らんか。彼二千年来の成就する所域を出ずる千里なる能わず、瑣尾《さび》の極というべし。顧うに時勢あり、地位あり、功業の偉大は以て智力の強大を証し、事蹟の繁多は以て智力の敏活を認むるに足らば、成敗の英雄を論ずべきや久しからん。

ソクラテス、アリストテレスの知らざる所にして、今日小学の生徒が知る所何ぞ限らん。球を環りて五大洲の存する、地球の太陽を回転する、古人の夢想およばざる所。而して今日茶話笑談して以て珍異となさず、然るにこれに由って古人の今人におよばざるを断じ、ソクラテス、アリストテレスの智、小学生徒に如かずと断ぜば果たして何如。ペリクレスの治むる所はギリシアの一小半島に過ぎず、而もその為政の技能ビスマルクが独立大帝国を統轄せしに劣れりと言うことを得んや。智力の優秀を断ずる固と常に表面有形の結果を以てすべからず、而してその内に蘊《うん》する力量の強弱多少これ視るべきなり。豊臣秀吉が西海を征して十万人を挙げ、関東を討《とう》して二十万人を挙げ、その他十数万兵を挙ぐる一再に止らず。而して発縦指使《はつしようしし》、つぶさに矩度《くど》あり。且つ巧みに諸侯の藩封《はんぽう》を配置して、ことごとく屈従せしむるを得る。これ得易きの才ならんや。余力更に能く十五万兵をして海を絶って韓を伐たしめ、八道風靡《ふうび》して燕京《えんきよう》震動す。その技倆《ぎりよう》大いに観るべき者あり。

看よ、欧米史乗《しじよう》、十万の大兵を艦致《かんち》して海を渡せる者能く幾人をか留むる。徳川家康の封建制度は上下数千載、恐らくは全世界に比倫《ひりん》なからん。譜代親藩、これを旧家大藩《きゆうかたいはん》の間に列植し、権衡宜しきを得、却持《きやくじ》相制《あいせい》し、兼併呑噬《けんぺいどんぜい》の患なく、以て数百年の昌平を致せり。時勢の然らしむる所というといえども、着眼夙《つと》に機宜に中り、能く百代の後を洞看《どうかん》し、以て後世子孫継ぐべきの業を建つ。その智力の非凡なるべきを見るべきなり。欧米の史乗、後世を洞看するの明《めい》、家康のごとき為政家能く幾人をか留むる。

その襟度《きんど》の宏豁《こうかつ》ガリバルディーのごとく、而して公明これに過ぎ、その心胸の公明ハムデンのごとく、而して宏豁《こうかつ》これに過ぐ。加うるに俠義篤摯経国《きようぎとくしけいこく》の大略を抱懐《ほうかい》せる、彼の西郷南洲のごとき、欧米の史乗果たして幾人かある。独力日本全海岸を測量し、製図精細、差謬《さびゆう》の指摘すべきなきこと伊能忠敬のごとき、古今東西何人かこれに匹敵すべき。曲亭馬琴のごとき、任他その思想の豊富ならざるは一大瑕瑾《かきん》なるにもせよ、著す所三百余部、一部の多き者は数十巻を累《かさ》ね、これを欧文に訳するも驚くべきの大部たらん。その構思《こうし》狭隘《きようあい》に失するの嫌あるも、詞源混々として縦横に流出する。およそ文学あるの国、著作の家多しといえども、これと比肩するの力あるは果たして幾人かある。更に女流に見るに紫式部が源氏五十帖を著《あらわ》せるごとき、秀抜特異の趣味あるにあらざるも、国土の開化僅かに近畿以西に局れるの世に在りて、彼がごときの著作あるはすこぶる驚くべきの能力というべし。閨秀《けいしゅう》の才情、他邦その人に乏しからずといえども、式部と並び馳すべき者果たして幾人かある。更に偏究周討《へんきゅうしゅうとう》せば、強大なる能力を表示せる人物、極めてその人少しとせず、日本人智力の劣下、未だ遽《にわか》に証し易からざるなり。ただただその島国自ら桃源とし、鎖閉自ら局促すること日久しきを以て、大作用を做《な》し、大能力を示すの機あらず。その力全世界において幾許大《いくばくだい》の功業事蹟を為し得べきか、彼未だかつて自ら知らざるなり。欧米人の今日、坤輿《こんよ》到る処に縦横し、傲然《ごうぜん》として世界史を以て単にアーリア人種族の歴史なりと称するに至る。而して日本人はすなわち数百千年を経て常に一小島国に生息せり。その直接に世界において成就せる事業を比較し、以てその能力を量るを得ざるは、もとよりその所なり。然れども間接に比較する所を視ば、我豈輒く欧米人の下に出でんや。

日本人はいわゆる蒙古人種なり。言語の系統を察するに、満洲韃靼とその類《るい》を同じくす。支那とは全く異なれりと説き来りしも、語原の相類似せること近日に至りて証跡敷々《しょうせきしばしば》挙げらるるに至る。要するにその蒙古種中に入るべきは疑なきなり。既に蒙古種たり、日本人が蒙古種中に在って占むるの地位は何如。その多く他に下らず、たとい直ちに最高の地に居るを得ざるも、第二流より下る者にあらざるはまた疑なきなり。

すなわち諸々他の蒙古種民族が成就し得たる功業は、日本人も力能くこれを為すに堪うと謂うも不可なけん。蒙古種類の発達、これをアーリア人種に比するに、何れの処にかその劣れるを見る。彼ギリシアありというか、蒙古種の黄河近傍にその開化を拓きし者、また夏后商周の三代あるなり。ペリクレスの才は周公に何如、斉桓公の略遽に歴山に譲らんや。孔丘はソクラテスとほとんど時を同じうし、クセノポンはあたかも左丘明に応ず。彼ローマありというか、これに秦漢の開化あるなり。六国を混一し、威北胡《いほくこ》に加う。始皇の運はなおカエサルの運のごとし。陳勝《ちんしよう》の難に首たるカッシュスに彷彿す。儒教の漢武以下に興るは、キリスト教の拡張に均しく、王莽《おうもう》の周官を行うはイルデブラントの政教を合併するに類す。三国以下唐宋に至るは、正に泰西近世史の首より今日に至るに対す、晋武とカール五世、魏武とピョートル大帝、隋煬帝とルイ十四、李世民とナポレオン、また正に相応ずるを見る。ただこれ、相対する一連の時代におけるアーリアの開化は、遥かに蒙古種の上に出ずるがごとし。これまた由《よし》あり。蒙古種が処る所の邦、土壌千里、唯々山あり野あるを見る。河流のその間に通ずるは黄河、揚子江三四に過ぎず、而してアーリア人種の邦、海入り陸出で、河流数十、四走奔注《ほんちゆう》す、交通往来の利、複雑頻繁の生を営むにおいて状勢の甚だ同じからざるあり。且つ蒙古種の開化は四千有余年の上に始まる。而してアーリア人種はすなわち後るること一千歳、故に他種族の成就せる開化、皆集めて大成するの利を享くるを得。欧洲今日の開化はアラビアの人、すなわちいわゆるセム系人種に採る所多し。アラビアのアルケミーは支那の仙術と関係あり。蓋し支那の方士仙人と称する者は、皆技術に長じ、而して漢時張騫《ちようけん》の西域に至るに先ちて早くよりこれと交通し、以て支那開化の西漸《せいぜん》を致せるなり。アラビアの開化、加うるにインドエジプトの開化を以てし、渾融《こんゆう》して一となす。欧洲の開化が完全に発達して極めて勢力あるは、まずこの三つの者に学ぶが為なり。

これら諸民種の開化が独り西欧洲に入りて、東支那に至らざるは、また地勢然らしむ。インドよりして陸に由ればすなわち東北葱嶺《そうれい》を超え、海によればすなわちマラッカ半島を繞《めぐ》る。これを欧洲に出ずるに視れば、難易懸絶《けんぜつ》す。いわんやアラビアのごとき、エジプトのごとき、壌地《じょうち》欧洲に接近せるをや。欧洲は実に幸福なる開化を享《う》くるもの。その今日あるは当然のみ。これを以て発達をアーリア人種の特性と誇るは僭越《せんえつ》の至りなり。且つ近世欧洲の開化を以てアーリア人種の能力に出ずると為すも、蒙古種はなお実蹟において彼と頡頏《けっこう》するを得るなり。彼近世の初めにおいて米洲を発見す。坤輿の円球にして西より一周して反って東方に出で得るの理はアラビア人の唱うる所。これを欧人の智に帰するを得ずといえども、その能くこの理を実証して米洲を発見せるは、欧人が絶大の偉業と許すも不可なし。

曷《なん》ぞ知らん蒙古種族は更に早きこと数百年、既に絶海の東に扶桑《ふそう》と称するの邦土あるを認め、南宋の時に至りてその事情已《すで》に詳に知られたるは、実に今日の米洲にてありしを。かのペルーの開化のごときは、多く蒙古種より移せる所。これを考古の学に徴して歴々見るべし。

今日の欧洲、鉄路の縦横せる、すこぶる驚歎するに足る。然れども、その歴世《れきせい》黄河の水を治むるの技量、隋時運河の開鑿《かいさく》に比すれば、何ぞ必ずしも多く称道《しょうどう》せん。その万里の長城のごとき、頑大にして無用に似たりといえども、冥々の裡、北貊《ほくぼく》を威服し、単于《ぜんう》が南下し馬に飲うを得ざるもの数十百年、その延長五百里、山を跋し渓を渉り、巍然《ぎぜん》として二千年の後に現存す。その規画の大、その忍耐力の強き、真に舌を巻くべきなり。この能力を以て、この気力を以て、なお東において交通頻繁、事情複雑、他国の開化に資りて自ら利するを得たらんも、機器の功利、物質の文明、欧人よりも大なるを得じといわば、誣妄《ふぼう》の論なり。チンギス・ハン漠北に起り、アジア全土を席巻し、欧土を視ること弾丸黒子《だんがんこくし》のごとし。土を拓く数万里、国を併する数百、規模の大なること実に曠古一人《こうこいちにん》と称す。これアーリア人種の望んで而して即くべからざる所にあらずや。

思うに胡元《こげん》既に志《こころざし》を得て、一たび華夏を覆せしより、進歩停滞して、今日に至るも萎靡《いび》振わざるがごとし。ただ知る、一盛一衰は世態《せたい》の常、宋代の言論自由にして理論に熱中し、学士書生、党を樹て派を分ち、以て相排擠《あいはいせい》す。余風中ごろ絶えてまた興り、明に至りてますます昌なり。而して忽然として胡元に併せられ、満清に亡ぼさる。

インドの開化、世界に先《さきだ》ちて而してその宗社の覆りしこと幾回ぞ。物極れば変あり。反動の必至、人力の支うる所にあらず。すなわち欧洲開化の邦国一朝忽然としてスラヴ人に蹂躪《じゅうりん》せらるるなきを保すべからざるを。スラヴ蓬勃《ほうぼつ》の気象、欧洲列国を蔽《おお》い、コサックの馬蹄、靡麗《びれい》なる数十の都府に遍《あまね》きの日、彼らはなお能く今日のごとく智を競い巧を争い、駸々《しんしん》として日に進むを得んや。盛衰は常理、隆替は常勢、古今一轍、東西一揆、何ぞ独り蒙古種においてこれを怪まんや。

それ今日蒙古種の人口六億に上る。而してアーリア人種は四億に過ぎず、すなわち過去幾十年間、生存競争の大勢において、我もとより既にアーリア人種に克てること多し。いわんやその世界の開化を催すの能力、彼がごとく雄偉宏大なり。たとい時勢の推移、一旦蹉跌《さてつ》、振わざること久しきに亙るといえども、その実力の蘊蓄《うんちく》一たび暢達せば、世界史の再び蒙古種の紀事に充たされんこと、決して疑を容るべからず。日本人にして既に蒙古種中の優等者たらば、その能力優に坤輿の大局を斡旋して、偉大の功業を建つるに足らん。なお何ぞアーリア人種の強盛に辟易《へきえき》し、頭を縮めて自ら屈するの為すべきあらんや。

十九世紀はまさに終らんとす。而してアーリアの盛運もまた窮《きわま》らんとす。彼今方に東洋問題に矻々《こつこつ》するも、東洋問題に矻々するは正にこれ蒙古人種を困睡より醒起《せいき》して、重大なる任務の在る所を知らしめ、それをしてアーリアと馳駆《ちく》して世界の円満なる極処を尋求せしむるのみ。三十世紀より後は蓋し蒙古種に取りて好望の世なり。而して日本人に取りてまた尤も好望の世なり。人自ら知らざるに苦む。いやしくも自らその能力の在る所を詳知せば山を抜き海を倒すもまた為すべく、天地を位せしめ、万物を育うもまた為すべしとせんか。

## 日本人の任務（一）

人類の国家を造る。故なくして然るにあらず、個々の人は大勢の運行するがまにまに働作して、あるいは自らその故を知らざることあらん。されど人類は自ら為すべきことを為し、国家は自ら為すべきことを為す。蓋し以て真を極め、美を極め、善を極めて、能く円満幸福の域に到達せんとするなり。真を極むること如何、相切磋し、相磨礪《あいまれい》することの以て美玉を成就すべきを見ば、智識を闘わすの真を極むるに已《や》むなきを知らん。異なれる境遇における異なれる経験より獲得せる極めて多くの異なれる事理を彙集《いしゅう》し、同異を剖析《ぼうせき》し、是非を甄別し、以て至大の道理に帰趨するは、真を極むるの要道なり。既に称して日本の国家と曰う。その人当に人類世界において真を極むるの一職分を担わざるべからず。日本人果たして寰宇《かんう》列国に対して智識を闘わすの力あるや。

大学は一国最高等の智識を薫養《くんよう》するの処なり。今我には唯一の大学あるに過ぎず、専門の学校なお他にこれありといえども、皆速成浅近の者、その余は普通教育を主とする者のみ。欧洲の大国、大学の数、十数に上る者珍らしからずして、中には二十をさえ超ゆる者もあり、蕞爾《さいじ》たるオランダ、なお四大学を有す。この大学の唱説する所、彼の大学の排撃する所たり。彼の大学の是認する所、この大学の否拒《ひきょ》する所たり。以て相切磋琢磨し、学者の研究に非常の警策を与うること、我が唯一の大学、晏然《あんぜん》として天下の学柄を検束すると大いにその観を異にし、加うるに四囲の現象、皆文化の薫習《くんしゅう》を受け、学理討究に便利なること言を待たず。果たして然らば我が国の智識における竟《つい》に彼の敵にあらざるべきか。

然れどもこれ皮相《ひそう》の見のみ。もしその実力を較せば、我の遽に彼の下に出ずるを必すべからざるなり。我が国夙に支那の文物《ぶんぶつ》を輸入し、インドの学説を伝承し、咀嚼《そしゃく》してこれを融化し、その盛なるや、元和《げんな》以降、元禄享保を経て寛政以後におよび、燦然《さんぜん》として煥発《かんぱつ》し、その発達の勢、遏《とど》むべからざるものあり。その儒教のごとき、一派の学説に統轄して、強いて異説を立つる者の進路を塞ぎ、思想を束縛するの嫌ありしも、いわゆる統一は朱子学に拠り、而して朱子の学は専ら格物致知を唱え、理義を講究するを尚びしが故に、その統一検束はすなわちその弊処《へいしょ》たるも、その理義を究明するの風を養成せしはすなわちその利処たるを妨げざるなり。

仏教のごときも地獄極楽の妄信、念仏題目の偏固、錯迷《さくめい》にして取るに足らざる者素より多かりしも、知識ある者が考修する所は、すなわち超然として真理妙諦《みようてい》の旨に契わんことを勉めたり。加うるに封建の制を為すこと日久しく、士に常禄ありて、俯仰衣食《ふぎようい しよく》の資に促々《そくそく》たらざるを得、昇平数百年、力を喋血《ちようけつ》の場に伸ぶるの機なくして、人皆事理の講究にその心力を傾けたれば、利害得喪の念に擾《みだ》されずして、純ら理義を立つるの習を致せり。これを以て港を鎖じてほとんど外人の交通を絶ちしといえども、いやしくも事の理義に適うがごときは、これが輸入採択に怠らず、暦算刀圭《れきさんとうけい》、物理の事のごときは、早く已に泰西の文化を受け、一朝港を開くや、新文化、新学説、沓至坌入《とうしふんにゆう》、その急速なること眼《まなこ》応接するに遑《いとま》あらず、制度文物、技芸習俗、その理義を以て解悟《かいご》すべきは、一時皆輸入採取して遺す無からんとす。

これを支那が均しく東洋に在りて、その泰西と交通すること我に先つ数百年、通商貿易の道は大いに進歩発達しながら、而《しか》も制度文物のごときは、亢然《こうぜん》として独り自ら墨守し、かつて欧風に採るなきと、氷炭相反す。その果たしていずれか得、いずれか失、いずれか利、いずれか害、旦夕《たんせき》の能く判ずるを得る所にあらずといえども、邦人が理義を喜びて、これを容れこれを採るに躊躇せざるは、以て概見すべし。泰西学説の入りしより、年所を経ること未だ多しとせず、然るにその教師とし、顧問とし、招聘せられて至る者、彼に在りてすこぶる声名あり。識見ありと称するも、その言議する所を聴けば、必ずしも感歎に値せざる者あり。而して我に在りて俊逸《しゆんいつ》の名あらざる学生が、彼に留学して毎々甚だ下らざるの地位を保つがごときあり。邦人の科学に習熟せざるや、加うるに講究日浅きを以てす。指してその智識を表示すべき著作、功業あるなしといえども、智識を運用するの能力に至りては、素養の深きこと以て証すべきなり。あるいは云う、邦人徒に模倣に長じ、泰西の学説を聴きて而してこれを記するのみ、会て新たに発明創見することなしと。

されども欧洲の学術に熱中するを以て、なおかつそのいわゆる碩学鉅匠《せきがくきょしょう》、特に学術社会の趨勢《すうせい》に応じ、規定の学理を継承して、これが為に新材料を給し、細節《さいせつ》の杆格《かんかく》を通明し、以て多少の進歩を致し、多少の完備を促すに過ぎず。破天荒の新理論を組成し、果然として学術界の方針を一斡する。ニュートンのごとき、ダーウィンのごときは、数百歳にして一遇するのみ。学理対究の材料、数世紀の経験によりて整備せること彼がごときも、発明創見の新たに出でがたきやこのごとく、進化論出でて四十年、近日に至っては著作の多き。汗牛充棟なりといえども、その新理論を発揮して、自然の幽光を闡揚《せんよう》せるものは、さながら中絶して続かざるの観あるにあらずや。

これを如何ぞ泰西の学説を聞くこと僅かに二十年なる邦人に望むべけんや。断言す、理義究明の事において我の以て、泰西列国の後に落つるの患《うれい》が決してこれなからん。年を積むことようやく多からは、彼に馳聘し、軼駕《いつが》するに堪うるも、また疑を容れずと。

願うに世界知識の全体に関する理義を究明するは、必要言うを待たず、而して日本人の力能くこれに当るに堪えん。然れども一国家には一国家の特能あり。而して一国家の職分あり。すなわち日本人として特に講究すべきの学術なくばあらず、果たして何をか日本人が真を極むるの職分とすべき。

蓋し二千余年前、この国の基《もとい》一たび創せられしより、その領土、その人民、その風化、会てこの群島の外に出でず。純ら一様一色の発達を以て、往古来今を通過せること、他邦の類なき所、かくのごとく純一なる変遷の状態曲折、原因結果のごとき、社会学上の問題として、大いに特色の材料を供給する者たらん。外邦の感化、これを先にしては支那インドの文明のごとき、これを後にして泰西の文明のごとき、移易《いい》する所の勢力もまた大なり、而もその関係の単純にして明晰《めいせき》なる、容易にその若干の原因、以て若干の結果を表発せしかを見るを得べし。故に日本の史蹟を探究するは学術上得難きの新材料として極めて益ある者たり。

スペンサーの社会学を著すや、慧眼早く已に大日本の事蹟に注視して、多く材料をこれに引用せしも、その報道の確実ならざりしが為に、効を収むること絶えて無かりしに似たり。もし更に内地に在りて事情に暁通する者が、精確の報道を為さば、社会進化の理論を完成するにおいて極めて力なしとせず。ただただ従来の習慣、国民が秘密を守る者ありて十分に説明するを憚る所あり、且つ十分に説明せざるを以て、姑《しばら》く利とする者なきにあらざれば、国内の事情、以て破天荒の新説を造るに慊然《けんぜん》たるありとせば、更に全力を尽《つく》すべきは、それ東洋の事蹟か。

アジア大陸は我が一葦《いちい》滞水《たいすい》を隔てて相接する所なり。その史蹟、文化の発達はこれを彼に取りて研究するの容易なる。而も局外に立ちて、掣肘《せいちゅう》せらるる所なく、公平にこれを判断するの利あり。インド、支那およびこれを続れる諸邦の事情、これを探究し、究明するは難きにあらず。加うるに新たに輸入せる泰西の理論を挙げて対照対究の資に供し、以て公明の断定を下さば理義究明の事において、寧ろ居然として東洋のアレキサンドリヤたるの望あらん。近世泰西文物の新面目を開くや、実に重きを十五世紀なるギリシア文学の再興に帰す。而して晩近《ばんきん》インド学説の流入せしより、更に一生面を開くに至る。蓋し将来に在りて更にまた文化の新天地を装飾し来らん者は、支那文物の感化に在らん。支那や、卒然として思えば、これ僅かに東洋の一国たりといえども、もしその壌土を言えば全欧洲よりも大いにして、四千年の前より已に文物の観るべきあり、一治一乱、あるいは統一せられ、あるいは列国分立し、数億万民の国々が祖々継承して作為せる業は、実に宏遠偉大尋常の矩度を以て測るべからざるものあり。その事蹟が研究の材料を出すこと夥多《かた》ならんは必然疑なきなり。

それインドは欧人が種族を同じうし、言語の系統を同じうする所、そのこれを研究するに利なるは言うを待たず。我もまた夙に仏教を伝え、その経巻の浩澣《こうかん》驚くべき者当りといえども、而もかの精密に事実を探求し、旨趣を弁明するにおいて、欧人に優ること能わざらんは勢《いきおい》の已むを得ざるなり。支那の文化はすなわち然らず。欧人の好学に熱中するや、諸子百家の学説、概ねこれをその国語に翻訳して、講究怠れるにあらずといえども、語原の大差違ある、事情の大阻格《だいそかく》ある、原文の趣味を通暢して余蘊なからしむるは万々《ばんばん》能《よ》くすべからざる所なり。

然るに我はすなわち支那と人種を同じうし、その文字のごとき仮用千有余年、これを我が国字《こくじ》とし視るも不可なき程なり。いわんや徳川氏の文化全く漢学流たりしより、支那の書を解し、支那の辞章を作すこと、ほとんどその土着の人に下らず。その全く支那文明の趣味を了得してこれを全世界に伝うること、極めて為し易きの事たり。

邦人にしていやしくもまず支那より始め、その傍近諸邦におよび、東洋政治史なり、東洋商業史なり、東洋工芸史なり、東洋哲学史なり、東洋文学史なり、もしくは地誌、風俗誌、動植物誌、またもしくは豪傑の事、名家の事、大変動の事、斬新なる筆鋒を以てこれを叙述しこれを描写し、これを批判して対究せば、その世界における勲業、こいねがわくは真を極むるの道において遺憾やや少なきを得ん。思想精微、悟性明敏《ごせいめいせき》なる日本人、何ぞその力をこれに及ぼさざる。

理義究明《りぎきゅうめい》の事のごとき、いやしくも志あらん者は、敢えて人に頼ることなく、進みて自ら力を致すべきは、当然の事なりといえども、公共心の発達未だ盛ならざるの邦に在りては、政府の力をこれに仮すは、時として必要なくばあらず。我に在りて東洋の事蹟を研究するがごときも、また政府の助をこれに与えざるべからざる者あり。博物館のごときその一なり。

我が帝国博物館の状態を観るに、すこぶる幼稚なるを免れざるに似たり、近日に至り少しくその順序の整頓に着手し来りしも、その材料に至ってはすなわちなお甚だ乏しきなり。これ帝国唯一の博物館、材料を全世界に求むるはもとより必要なりといえども、主として東洋の材料を蒐集《しゅうしゅう》し、以て東洋博物館を完成せんは、当務の急ならん。厳然として帝国博物館と称し、而して日本帝室に属する者にして、資料寥々《りょうりょう》今日のごときは、国の恥辱たるのみならず、学者の研究においてもまた甚だ不便なるものあるなり。我が博物館の歳費四万四千円、これを欧洲諸国の館が寄附の金、積んで巨額を為すに、更に年々巨万を投ずるに比すれば甚だ過少なりといわざるを得ず、すべからく他の冗費を節減して、大いにこれに増す所なかるべからず。

されど今の歳費なおその多きに苦しむ。更に大いに増額せんはあるいは為し難からん。ただただ総額四万八千円、而してこの中購買費は一万三四千に過ぎず、他の三分の二以上はこれを不急の途に糜《び》せり。帝室の理財、世人《せじん》の嘴を容れがたき所といえども、斯のごときの費途《ひと》は早く注意してその当を失せざらんことを務めざるべからず。且つ有志の輩が、資料を委託するの途を開き、大いに蔵品を増殖せるがごときは、処措宜《しょちよろ》しきを得ば、その今に加うることは数倍なるは難《かた》からざるべきなり。然れどもこの博物館をして十分の材料を備えしむるは、その費の貲《はか》られざる、決して朝夕の軽く望を属《しょく》すべき所にあらず。已むなくんば、図書館の拡張か。今かの東京図書館は且つこれを国立の図書館というを得べし。而も備うる所の典籍甚だ少なく、士民《しみん》が資って研究の料とするに極めて匱乏《きぼう》を感ずるがごとし。これもとより当然の事、従来館の歳費僅かに八千円、而して書籍購買の料はすなわち二千円に止まる。二千金の購う所、能く幾許の珍書を博するに堪えんや。

帝国大学の図書館は特に教授学生の閲覧に供うるもの、なお歳に一万二千円の図書購買費を有す。然るを一般士民の使用すべき東京図書館が僅かに二千円の購買費に齷齪《あくせく》するは、厚薄度を失するの甚しき者なり。欧洲大国の歳入に対する図書館の使用は、我が歳入に対する図書館の費用に比して、三倍ないし五六倍なり。晩学新進《ばんがくしんしん》の邦、鋭意新知識を獲得して、先進の邦国に追及併馳せざるべからざるの地に在りて、緩慢このごときは悶々の至りならずや。

何の費用を節減するも、東京図書館には少なくも歳に三万円以上の購買費を給せざるべからず。もし五万円を投じ泰西書籍を蒐集するの余、特に東洋の典籍を網羅するに従事するを得ば妙とせん。

これ国家の義務、日本人が真を極むるの道において喫緊必須、他の費用を省き、以てこの費途に充つるもまた為さざるべからざる所なり。更にまた為すべきは、アジア大陸に学術探征隊を派遣することなり。たとい研究の材料を蒐集し、書籍を積貯《せきちょ》するも、百聞あるいは一見に若かず。深くその実境を踏み、親しくその実情を採討せざれば、隔靴掻痒《かっかそうよう》、理義を弁明するの滑かならざるは免れ難き所。すなわち学理研究に志篤《あつ》き者は、当に奮って自ら険を冒し探征を務むべく、而して有志の士が資金を寄贈してその挙を助成するを得ば、尤も幸いならん。

されど政府もし志あらば、国費を以て探征隊を遣るも不可とせず。看よ、翻訳流の法律の取調に数百万金を抛《なげう》ち、不急の官舎に時として数十万金を糜《び》し、瑣々《ささ》たる狂暴の徒が国事犯を企つるに嫌わしければ、これが追究にすなわち数万金を投ず。今少しくこの費の用途を更め、十万金を支度に当つれば、数十名の学者をして一団の探征隊として、千古未発の新学理を探究し、東洋の一国民が能力を世界に表彰せんこと優に倣し得べきなり。

かの在欧の留学生、歳々《さいさい》消する所幾万千。而して彼に到ればすなわち鴃舌語言《げきぜつごげん》の好きを贏得《るいとく》し、もしくは彼に在りて数十百の書を読了し、ここかしこの教授の風来を倣い得て帰るに過ぎず。彼輩の参聴するは教授の講義ならんなれど、学者が家言の神髄は寧ろ印行の著書に存すれば、数室弄弁《ろうべん》の講義、一知半解にして以て已むは、却って万里の外に在って印行の著書を心眼精読する者に劣る事少なからず。その帰朝するや、周月周歳の間はなお風采彷彿《ふうさいほうふつ》として、やや彼地学者の薫染《くんせん》を認むべく、外観すこぶる新知識に充実せらるるがごときも、その実これを留学の前に比して大なる進歩なく、その理義《りぎ》を究明するの力のごときは、内地に在りて熱心に読書し、もしくは実験考究を勉むる者に勝らざるは、概ね然りとす。欧洲留学の事、これを排斥するはもとより過当なりといえども、均しくこれ国帑《こくど》を消靡《しょうび》せんには、寧ろ東洋の新事理を探究して全世界の真を極むるの歩趨《ほすう》を策進するの当れるに若かんや。要するに日本人が東洋の新材料に藉りて、未発の新理義を発揮するは、一日紓《むす》ぶべからざるの急務なり。

純粋の理論を研究するは必要ならざるにあらず。邦人の純理に偏傾《へんけい》せる。高等教育の程度一歩を進めて研究の方法やや整頓熟煉するに至らば、この一点において一機軸を出し、学術世界に一頭地を放出し得んことは、望なきにあらず。

顧うに未だ世に知られざる東洋の事物を研究して、新材料を学術界に供給するは更に適切緊急ならん。現に今日学術に就いて多少の報道を為し得るは、生物学、地質学、もしくは人類学等なり。

これらの学術皆新たに原理を発揮するにあらずして、特に世人の未だ着眼着手せざる東洋の新材料として、彼の喜んで迎え入るる所なり。微々たる一二学術の報道且つ然り。一たび平大陸の探検に着けば、その材料の供給多きに堪えざる者あらん。

それ貧弱の国、力を以て街を強国に争い難し。すなわち超然として理義を以て地位をその際に占むるは、事寡《すくな》くして功倍するの道なり。いわんや世界人類が円満幸福の域に進むの一道として、理義を正し、真を極むるの方において、日本人が一臂《いっぴ》の力を効すべきは実にこれに在り。奮う所なかるべけんや。

## 日本人の任務（二）

善を極むるの道途においては、まず正義と認むる所を主持してあえて一毛も仮借する所あるべからず。然れども一端を認めて以て正義となしししのみにては以て尽せりとなし難く、右に左に前に後に、種々雑多の邪悪と相触れ、災殃と相衝き、ここに初めて巍然《ぎぜん》として顕《あら》わるるなり。

而して正義の自在に発揚するは、相互の権力の差別を離れて全く平等に赴けるの時にありとす。もしそれ権力において、大小強弱の差別あらんか。大いにして強なるものは、小にして弱なるものを凌辱することあらん。羊児《ようじ》の以て貪狼に敵すべからず、蟷螂の以て隆車《りゅうしゃ》に抗すべからざるは、権力の相懸隔《あいけんかく》するに外ならず。小且つ弱なるもの、大且つ強なるものの凌辱を反却し、自家の体面を保全するを得ずんば、彼非《ひ》にして我《わ》れ是《ぜ》、彼曲にして我に直なること万々明白なるも、恨を吞《の》み恥を包みてこれが臣妾となり奴婢《どひ》とならざる能わざるなり。

もしその権力にして互いに相譲ることなからんか。甲の以て乙を圧服せんと欲するも得る無く、乙において甲を屈服せんと欲するも得る無く、すなわち一方より他方に向うて非理《ひり》を言わず、他方より一方に向うて驕《きょう》矜《きょう》の行為をなさず、互いに情を放ち慾を恣にする能わざるより、斯に互いに信を守り、義を重んじ、その文や郁々《いくいく》、その声や洋々、その条あるや、井然《せいぜん》として大いに見るべく、正義の発揚、縦横無碍にして、善のこいねがわくは極むべからんとす。

これただに個々の人相関するにおいて然りと謂わず、これを国家と国家との際に見るもまた然らざるはなし。試みに瞑目《めいもく》してここに強大なる国家と弱小なる国家とありと仮想せよ。事に触れ、弱者が強者の為めに凌辱せられ、損害を被ること貲《はか》るべからざるや必せり。されどももしこれらの国家にして兵力富力相若かんか。凌辱の措置豈に用うる処あらんや。理すでに斯のごとしとせば、正義の行わるるには相互の権力の平等なるを要すと云いしは、偶然にあらざるを知らん。敢えて問う、我が日本現代の勢力たる、果たして権衡の均平を保ち、海外諸強国に対して正義を伸ぶるの実力あるか。そも然らざるか。

論者あり。ややもすれば徒らに海外諸強国と我が国との勢力を比較し、皮相よりこれを論断して、彼我の勢力著しく相懸絶すとなし、戦々兢々として彼が後塵を望み転《うた》た凄然《せいぜん》たる者少なからず。想うに欧洲の諸強国や、その兵員において我れに十倍してなおかつ余あるものあり。その軍艦の数におけるもまた我れに十倍してなおかつ余あるものあり。加うるに将帥の聡敏《そうびん》なる、兵卒の勇敢なる、操練の精熟なる、武器の鋭利なる、また人をして嘆賞措く克わざらしむるものあらん。それ斯のごとく欧洲諸強国の軍備たる、独り数量の上においてのみ大いに超越する所あるのみならず、整理の点においても大いに超越する所あり。もしそれこれを以て我れに臨まば、なお枯《こ》を摧《くだ》き槁《こう》を振うがごとく、談笑して而して屈服せられんのみ。

且つかの支那のごとき頻年軍事に意外の発達をなし、殊にその短とせる海軍も兵員、艦数両《ふた》つながら我が三倍以上に達せり。一朝太平洋上、日本海面、風波大いに駭《おどろ》かば我豈枕を高うして安んずべけんや。

然りといえども細かに彼が形勢を観察せば未だ決して落胆喪心首を垂れて退縮するに足らざるなり。蓋し欧洲諸強国の兵備、整頓完具、屹然《きつぜん》として動かすべからざるがごとき勢あるは、その内部より自然に発達し来りたるものにあらずして、四方を囲繞《いじょう》せる必迫の形勢に迫られ、駆りたてられ已むを得ずしてここに至れるなり。

試に見よ、独と仏とは骨を折《くだ》き肉を喰わんとする深仇大敵にして、これに兵員を増せば、彼も兵員増し、これに武器を改むれば、彼も武器を改め、彼に鉄道を国境に向くれば、これも鉄道を国境に向け、相対して同一の比例を以て進達す。露と云い、英と云い、伊と云い、墺と云い、時に外面において羊服を装うあるも、内面を伺えば狼身《ろうしん》ならざる事ほとんど希《ま》れにして、芒靭蹻梏《ぼうじんきょうこ》、一日片時もその兵備を緩くするを得ず。今それ物を圧迫せば熱を発す。圧迫する事ますます甚しければ熱を発する事ますます甚しく、いよいよますます圧迫せば熱赤いよいよますます発生す。圧迫の強弱の度は熱を発する多少の度と正比例を以て増進減退するなり。請うこの理を移してこれを国家の上に見んか。そも或る国家にして四隣の国家と相比肩し、相駢立《あいへいりつ》し、建国の大義を汚さず、独立の体面を辱めざらんと欲せば、これを保全しこれを維持するに足るの勢力を貯え置かざるべからず。

年々歳々、気象恬和《てんわ》、雲起らず風来らざればすなわち止むべきも、国家と国家との疾視敵愾《しっしてきがい》、往古来今未だ一たび体せし例あらず。いやしくも競争激烈を加うれば、従って内部の勢力を竭尽《けつじん》し、発露してこれに応ずるの計を為さざるを得ず。もし事の然る能わざるあれば一旦緩急、覆敗《ふくはい》これに継ぐべきのみ。誠にこれを仏国の歴史に見んか。その革命や特権を有せる種族は惴々焉《ずいずいえん》として危懼《きぐ》し、ただ管これを妨障《ぼうしょう》せんと欲し、加うるに一弾《だん》して、共和万歳万々歳の歓呼声裡《かんかせいり》、王ルイを引き来りて断頭機械に上《のぼ》するや、欧洲各国の帝王皆為めに戒むる所ありて、務めて仏民の跳躍を抑制せんと欲し、兵を連ねて来り迫る。これにおいて仏国の民起ちてこれと戦わざるを得ずして、已むなく内部の勢力を発出してこれに応ずる所以を計り、動極りて反動の起こる所、ただに覆敗の惨状を免れしのみならず、一時四隣を圧屈し赫々《かっかく》の威名をほしいままにするを得たりき。またかのポーランドを見ずや。一時厳然として欧洲に雄視せしも、衰運の帰する所、内勢以て外勢と均平を保つ能わず、国勢陵夷《こくせいりょうい》、社稷《しゃしょく》遂に滅亡し、志士仁人の英魂をして永く地下に瞑《めい》する能わざらしむ。備え得る者は存し、備え得ざる者は亡ぶ。仏国現時常備の軍員は、あたかもナポレオン一世の雄才を以て徴集せし戦時の兵数に対し、露国がナポレオン一世を遮《さえぎ》らんとして十万の兵を出すに苦みながら、今六百万の戦兵を有するの状あるも、競争の時世、国力を維持するが為め寔《まこと》に止むを得ざるなり。

欧洲各国遥かにこれを望めば、秩々猟々、燿々《ようよう》として目眩し気奪われ、洵に曠世《こうせい》の観あるも、これ偏えに隣国互いに相圧迫し相圧迫せられ以てこれを致しし者なれば、その勢力は欧洲局面の支持にことごとく、これを放ちて遠く天の一方に雄飛せしむる能わざるはまた明《あきら》けし。然らばすなわち現代に在って欧洲諸国の軍備井然として整頓し、将帥如何に聡敏なるも、兵員如何に夥多《かた》なるも、操練如何に熟達せるも、戎器《じゅうき》如何に鋭利なるも、軍艦如何に堅牢なるも、これ皆周囲の勢力を平均して自国を保護するに必需なるものにして、遠く離隔せるの邦土に在っては敢えてこれが為に深く恐怖するに足らざるなり。

かの支那のごときも軍艦兵員敢えて鮮少《せんしょう》なりとせざれども、かの漠として広潤なる大国と、かの饒《じょう》として衆多なる民人とを保険せんにはなおその足らざるを患《うれ》えずんばあらず。

我が日本は国を東海の表に建て、四方相接する処ただそれ浩蕩《こうとう》として捲《ま》き来り去る海波のみ。且つや堅く港湾を鎖し、また自ら巨大なる船艦を破壊し、以て外国と声聞を通ずるに由なからしめたる為め、周囲より来りて圧迫せる者のごときは絶えてこれあるなく、随って起きてこれに応ずるの準備に汲々たるの必要を感ずるなかりき。それ然り、今日遽かに彼我の勢力を比較して我の彼におよばざるの観あるも、豈怪しむべしとせんか。

然りといえども、今や宇内の形勢日に切迫し来るは洵に現代の一大現象にして、電気蒸気の発明より人口の過殖、細民の不平に至るまで皆この一大現象を助長せずんばあらず。すなわちこの現象はまた我が日本を駆ってその中に没入せしめ、他国と等しく外来の圧迫に依って進退せざるべからざるに至らんか。ああ我が日本果たして如何の地位に立つべき。

念《おも》うに宇内《うだい》現今の進歩や、決して遅鈍緩漫《ちどんかんまん》、少しも畏るるに足らずというを得ずといえども、また決して遽かに驚愕度を失い、事為すべからずと難《かた》んずるに足らざるなり。恐らくは少なくもなお十数年、日本は彼らと離隔し、おもむろに自ら立つの計を為すを得べし。外来の圧迫に依って自在に左右せられざるものあらん。果たして然らば我が国の軍備未だ十分に整頓せざるも以て強弩《きょうど》の末を折くに余あり。豈宇内に向って正義を鳴らすの力なからんや。強国もし来りて我れを凌ぐがごときあらば、堅く正義を守りて以て斯の美なる邦土を保全すべきなり。

已に我が国の勢力は以て今日における国家民人を保全するに足るとせば、吾人《ごじん》は応に撃壌鼓腹《げきじょうこふく》、太平を謳歌して柳暗く花明らかなるの処に生死せんか。もしこの観念にして然りの応酬を得るあらば、国家の滅亡それここに基せん。ローマの滅ぶるは北狄の侵入に依ると謂《い》うといえども、人々気満ち心驕りたるによらずんばあらず。気満ち心驕ればすなわち怠る。油断大敵、世は長えに柳暗花明《りゅうあんかめい》の熙々《きき》たる天地にあらず、一旦事変に遭遇して制止するに由なきを奈何《いかん》。

我が国現今の勢力豈恃みて以て枕を高くすべき者ならんや。自国を揚げんと欲するは人の常情なるも、心ある者は断じて今日の有様を以て満足を表する能わざらん。もしそれ我が国にして今日現在の勢力を保有せば、平時は以て晏然《あんぜん》として国家の重きをなし、内国の紛擾《ふんじょう》は何時《なんどき》にてもこれを鎮平《ちんぺい》し得べく、外来の敵寇も容易に志を逞《たくま》しうする能わず。遽かに国家危急の崖頭に立ちて、寸進寸退容易に歩武を移す能わざるがごときことは万々これなしとするも、いやしくも宇内に向って正義を鳴らし、毅然《きぜん》として正義至善の首途に濶歩せんと欲せば、才に自ら保して而して止むべからず、外国における紛難葛藤《ふんなんかっとう》のごときも時にあるいはその間に周旋《しゅうせん》し、奔走し、以て至理のある所、公義の存する所を闡明《せんめい》せざることあらんや。両刀の下両虎の闘、身をその間に投ずるの危険を恐れ、常に逡巡退縮《しゅんじゅんたいしゅく》するは、寧ろ身を保する所以ならんや。

いわんや宇内の形勢は一定の理法に従うて揺動《ようどう》するなく、時としては不規則にしてほとんど端倪《たんげい》すべからざるの事例を現すことなきにあらざれば、何れの日か忽然《こつぜん》俄然《がぜん》、青天の霹靂《へきれき》、怪風盲雨を捲《ま》き来りて我が国土に投ずるも知るべからず。果たして斯る場合に遭逢《そうほう》せんか。我が国今日の勢力は以て二万五千方里の面積と四千万の人口とを保全するにおいて、断じてその足らざるを患えずんばあらざるを知る。それ胡《なに》を以てか曼然《まんぜん》放心すべけんや。千八百五十一年の万国大博覧会はテンプル・オブ・ピースの称ありて、四海昆弟《しかいこんてい》とし永遠の泰平を謳《うた》うべき表象なりと思われしも、久しからずして露と英仏の間、清と英仏の間、墺と伊仏の間、幷《ならび》に独仏の間に大戦乱あるを予告せしにあらずや。

安南《あんなん》既になし。ビルマ既になし。彼を思い、これを念えば軍備拡張のますます勉むべきは已むべからざるなり。軍備の拡張は暴君迂吏《うり》の唱えて以て人民の不平を避くる所、行うて以て自己の私慾を遂ぐる所、すなわち然らずして能く公《こう》に能く正に施行するもなお不正産の贅沢物たるを免れざるの状ありて、得の失を償うこと甚だ明瞭ならざるあり。加うるに今や官府の措置を視るに、往々にして嘔吐《おうと》すべき者あり。この輩に託して贅沢物を処分し、ますます贅沢に畢《おわ》らしむるは、はなはだ願わしからざる所なりといえども、大勢を観視し来りて、邦土の安泰を計るに止むなきを察すれば、何為《なんすれ》ぞ熱中事に従わざるを得んや。

軍備の拡張はますます勉めざるべからず。然れども軍備の拡張と富財の多寡とは正比例を以て進むものたるを知らば、少額の金円を投じて盛大なる軍備をなさんと欲し、夙に起き夜半に寝ね、瘁厲奮発《すいれいふんぱつ》、期する処に赴かんとするも、それ能く得べけんや。

試に思え。今一隻の軍艦を製造せんにもなお千万円を投ずべきあり。一門の大砲を鋳造せんにもなお十数万円を投ずべきあり。砲台を築造するがごときも、堅牢なる鋼鉄を以てせんと欲せば、驚くべき莫大の金額を抛たざるべからず。而して百トン砲に用ゆべき一個の破裂丸《はれつがん》は一千円に近く、発射百五十発に至れば砲身必ず大いに修繕を加えざるべからずと云う。総て機械はその種類の何たるを問わず、改良に改良を加えていよいよますます精巧なるに至らば、これを製造し購求するにまた従って巨多の金額を要するなり。彼の火薬のごときも年々改良を加え、いよいよ出でていよいよ妙に、今日に至りては遂に無煙火薬の発明あるも、これを使用して奇功を収めんと欲せば、従来のものに倍蓰《ばいし》せるの費用を払わざるべからず。

且つや常時巨多の兵員を貯え置かんには兵食、俸給、その費貲《はか》られず。それ斯のごとし。軍備の拡張をして名のみに止めて足らば、費用を要するもまた多からざらんも、いやしくも効力ある程、大いに拡張せんと欲せば、大いに費用を要せざるべからず。もし財貨混々として泉源のごとく、汸々《ほうほう》として河海のごとく、縦横これを使用して意のごとくならざるなくんば、ここに初めて初志を貫徹して軍備の拡張を遂ぐるを得ん。然らざれば志士奈何に慷慨激昂《こうがいげきこう》するも民人奈何《みんじんいか》に発揚跳躍するも、徒爾《とじ》にして終らんのみ。

翻《ひるがえ》って我が国今日富財の多寡如何《たかいかん》を察するに、果たして大いに軍備を拡張するの余裕ありとなすか。

想うに我が国における富力の層級や、取ってこれを欧米の各国と相較《あいかく》するに、すこぶる低しと云わざるべからずして、これを諸会社の株金に徴すも、これを労働者の賃銀に考うるも歴々として明らかなり。然れども発達の歴史に至りては、かれとこれと事情の同じからざるあれば、未だ遽《にわか》に失望すべからざるに似たり。

蓋し欧米の社会は四境の圧迫に依って発達し来れるが故に、その富力のごときも圧迫に依って膨脹し来れるものならざるべからず。これに反して我が社会は外国の圧迫を俟《ま》たずして、自ら発達し来れるが故に、その富力のごときも概ね純粋の自然淘汰に依って進み来り、いわゆる人為淘汰なる者に依って制御せられたるは甚だ稀れなりとす。

今や形勢の切迫する、日に甚しければ、素より悠々緩々《ゆるゆる》として純粋の自然淘汰の為すがままに任すべからず、人為淘汰と称すべきあらば、成るべく用いて以て富財の増殖を計図せざるを得ず。頻年《ひんねん》大下の志士意をここに注ぎ、眼をここに着くるもの次第に多く、競うて富力を増殖するの方策を立つるもの輩出す。

実業といい、殖産といい、拝金の為め玉石を混同し、而して国民の品格を顧みざる有るは、悪むべしといえども、実業に注目するの流行必ずしも賀すべからずとせず。言うものあり、「宜しく工業を盛んにすべし」と。言うものあり、「宜しく海運を盛んにすべし」と。工業を盛んにして、海運を盛んにする。共に美事として、賛同するに足る。而もこれらはまず物体を備えずして強いて作用を顕さんと欲するものにあらざるか。言う、「工業を盛んにす」。果たして工業を盛んにして何物を製造せんと欲するか。富財を増大するほどに殊に製造に着手すべきもの今これを得るの望あるか。言う、「海運を盛んにす」。海運を盛んにして果たして何物を運搬せんと欲するか。富財を増大する程のものを運搬するの目的、歴然として眼前に横わるあるか。「然らばすなわち工業を盛んにして、海運を盛んにする」。皆富力を進むるの方策たるに相違なきも、今日の勢、鋭意熱心に従事せざるべからざる者、なおこれより急務なる者あるにあらずや。

何をか急務とする。曰く、「物貿的の富力を増加せんことすなわちこれなり」。物質的の富力とは何ぞ。曰く生活に必需なる者の原料、すなわちこれなり。已にこれらの物品をして大いに増殖するを得せしめば、工業自ら盛大を来し、海運また自ら盛大を来さむ。されば国家を豊裕にせんと欲せばまず物質的の富力を増殖するにもしくはなきこと、既に疑なし。孰々国内万般の状況を看察《かんさつ》するに、土地狭小なりと謂うといえども、物質的の富力は、綽々《しやくしやく》としてこれを現わし得るに足るに似たり。まずこれを砿山《こうざん》に見んに、全国到る処山岳連立し、北上山脈に、富士帯に、濃美山脈に、北陸山脈に、中国山脈に、九州山脈に、四国山脈に、一としてその中幾許の鉱山有らざるはなく、その鉄を出すの僅少なるは大いに惜しむべしといえども、爾余の鉱物に至りては決して欠乏せりと云うべからず。

如何せん今日は正に鉄の時代にして鉄なくんば大いに事業を起す能わざるの観あり。もし冶金術一層の進歩を致し、アルミニウムの類を鋳て鉄に代用するを得るの日に到らば、ここに苦慮するを須《お》いざるも、今日の状態に在っては我が鉱山は未だ較著の事業を隆起するに足れりというを得ず。然れども貴金の豊饒なるは以て直ちに絶望するを要せざるなり。次に牧畜に見んに、我が国現今の牧畜は未だ見るに足るなしといえども、これを興起しこれを発達せしむるはすなわち大いに望あり。すなわち外国に在って山地に生育し、気候の変換に馴致せる家畜を移し来りて、これを我が樹木茂らず、青草氈《せん》のごとき山地に養殖し、もしくは漸次将来の家畜を改更して許多の異種を生じ、淘汰に淘汰を加えて他に類を見ざる良種を獲得するも皆すこぶる利益あらん。

蓋し西洋家畜の良種といえども、彼その初めより善良なるものにあらず。デボンと云いチェビオと云い、エイヤシヤイアと云うも、かつて荒々しき魯莽《ろもう》のものを捕え来り、次第に養成し改良して究竟の良種となしたるなり。然れども我が国に在りては、外部より強いて移殖するを務むる無く土地気候に順適したる従来の家畜を改良繁殖せしむるの却って得策たりと説くものあり。これまた理なきの言とせず。

次に水産に見んに、我が国四面繞らすに海を以てし、且つ河流の疏通して南に北に注入するもの少なからず、水産物豊富なる、前途実に多望なりと謂うべし。殊に北海道のごときはその水産地たるの位地、以てノルウェーもしくはニューファンドランドにも比敵すべく、鱗属、穀属、海獣の属、挙げて計るべからざれば、もし、それ捕獲と売鬻《うりひさぎ》とに力を用い方を得るあらば巨大の利を博せんこと必せり。而して更に眼を脚下に注がば、最も手近にして、最も為し易く、而して最も精力を励まして従事すべきものあり。田地の改良これなり。

田地の改良は方法百端にして、老練なる農学者も輒《たやす》く説き尽すべき所にあらず。中に就いて灌漑《かんがい》排水等のごとき、皆極めて必要にして片時も軽忽《きょうこつ》に付すべきにあらずといえども、目下差当りの必要は蓋し肥料の改良にもしくはなからん。そも肥料は窒素、没多斯、リン酸等を主要とするものにして、もしその分量宜しきを得ずして、三者の中その一の格外に少量ならんには、他の一二部は如何に多量なるも、功用を顕わす事能わずという。従来我が国の肥料は人糞、油粕等を以て重要とし、時として多量にこれを用いることあるも、リン酸の分量少なきが為め著しき功能を現すことなし。然らばすなわち今日に在りて、田地改良の材料として最も要すべきはリン酸肥料を加うるにありとす。廉価にしてリン酸肥料を得るはすこぶる困難なるがごとくなるも、その方にして宜しきに適せば、実際思う程困難にはあらじ。もしそれ三冬農業全く閑《かん》に、寒風森々として窓戸を打つの時、一家相集まり、談笑の間に魚骨、獣骨を砕打して極微の細末となし、これに藁《わら》と石灰とを混じ、尿を注ぎて蓄え置かば、すこぶる用いるに足るの肥料となすを得ん。

もしまた土壌を分析し、仔細にその特質を稽査《けいさ》してこれに十分の肥料を加うれば、耕地の面積今日のままにしてその収穫三倍以上に超乗するは試験に徴して明瞭なり。それ斯のごとく土壌を分析し、地味に応じて肥料を加うるはすこぶる難事ならんも、ただ肥料にリン酸を加うるの一事、なお且つ今日の収穫に二倍するを得んには、豈務めて勉めざるべけんや。それ我が国の土質や、元来リン酸に乏しきものなれば、今日リン酸肥料を製造するに当り、その原料を独米《どくべい》より輸入せり。穀類の肥料は多くリン酸を与えざれば思わしき収穫を見る能わずして、米《こめ》のごときも実に然りとす。而て我が国輸出入現状を観察するに、多くリン酸を要せる米穀を輸出して去り、而して却って少なくリン酸を要して収穫ある綿、麻、砂糖等を輸入するの状あり。蓋し温度の関係ありて、綿、麻の我が国において十分の発育をなす克《あた》わず、従って産出の少なきによるならんも、豈すこぶる顚倒《てんとう》の措置にあらずとせんや。

穀類は正に以て国民の食料に供する者のみ、強いて不適当なる土地に培植して輸出するの余裕あらしむるを要せず。もし輸出するの余量ありとせば、何ぞ穀物の培養を止めて、これに代うるに多くリン酸を要せざる他の農産物を培植せざるや。田地の改良に関して注意すべきもの許多《きょた》なりといえども、目下の急務は応にこの事に外《ほか》ならざらん。念うに今の田地にしてその面積を変ぜず、而して今日の収穫に二倍もしくは三倍の収穫あらば、地租の軽減何かあらん。

国民衣食の層級勃爾《ぼつじ》として高まり来らば、すなわち水産の業繁栄し、牧畜の業繁栄し、百工の業伴うて発達し、海運の業また伴うて発達し、天涯地角煕々として常に春のごとく、邦家《ほうか》の富ヶ月を経年を追うていよいよますます膨脹増大するや必せり。司馬遷は貨に常主なく能者輻輳《ふくそう》し、不肖者瓦解すと言いしが、邦人たるもの豈能者となりて輻輳せしむることを務めざるべけんや。能者となりて輻輳せしむるの企図、まずここに出ずるを妥当の順序とするに似たり。知るべし今日の急務は寧ろ彼に在らずしてこれに在るを。

概して論ずれば、今や我が国、富財において大いに欠乏する所あるも、而も潜伏埋蔵して未だ世の知る所とならざる富源《ふげん》に至りて決して鮮少なりとせざるなり。茫乎《ぼうこ》として一も規画する所なくただ手を拱して幸運の来るを俟たんには、果たして何の日が富財の増殖するを望むべけんや。而して今日の計をなす、恐らくは前にいわゆる目下の急務より手を下すにもしくはなからんか。来れ已に富財を増加するを得ば、以て軍備を拡張するを得べく、随って以て毅然として海外の諸強国に当るを得ん。

そもこの事たるや朝に計りて夕に成り、今年下手して明年収穫すと云うがごとき迅速なる結果を見る能わざるも、軍備を拡張するごとき至重至大なる事業はいやしくも前途一点の希望のあるあらば、月に寸を進め、歳に尺を進め、以て漸次に期する所に到着せざるべからず。かの小権略、小術数に依頼し、齪々《そくそく》して一時を塗抹せんと欲する徒のごときは、共に以て国家の大計を談ずるに足らざるなり。ああ我が日本人は正義を宇内に伸ぶるを以て自ら任ぜざるべからず。而してこれすなわち日本人が人類の善を極むるにおいて応分の力を出し得る要件にあらずして何ぞや。

## 日本人の任務（二）

美を極むるには、美の観念より生じ来る許多《きょた》の趣向を調合和育し、これを淘汰し、これを助長し、以てその真粋を発揮せんことを望む。念うに、我が国人も一分の資料を宇内に給するを得んか。これ国人の夙に確信して疑わざる所にして、外人にありても幾分かその然るを許し居るもののごとし。蓋し我が日本の国たる、気候温和、風物清純、三笠山ふりさけ見れば月小に天高く、淡路島通う千鳥声朗かにして波に応う。称して三景と云うものの外、その景光の奇絶《きぜつ》なるこれに次ぎもしくはこれに超乗せんとするもの、決して僅少なりとせんや。藁靴を踏んで駕《が》とせざるも、六七月を費して全国に周遊するあらば、必ずや到る処風光明媚、油然《ゆうぜん》として心目を楽しましむるに足るならん。

日暮れ、足労《つか》れ、旅亭に投じて備忘録を筆し了《おわ》らば、峯の嵐声《あらしこえ》落《お》ちて夕の袖をひるがえし、已に被を擁して一睡せば湾水響きて夜の夢をあらい、身は詩中の人となるにあらずんば、羽化して登仙するの想あらん。要するに日本の国や、山水の美において更に欠く所あらざるなり。国已に然り、而して元々や実に斯の美なる山水の間に生長するより神気自ら怡々《いい》たるの風を存し事々物々専ら実用に適するのみを以て主眼となすなく、多少の慰愉《いゆ》を取ってその間に補綴《ほてつ》せんとするもののごとし。試《こころみ》に見よ、その収入は以て一家の糊口に充つるに足らず、妻児餞寒《せんかん》に泣くの貧家といえども、家に入ってこれを見れば壁に錦絵を張りつけ、徳利に四季をりをりの花をいけ、甚しきに至りては吹笛《すいてき》、三絃、歌い且つ舞う者なきにあらず。

少しく騰《あが》りて富裕なる家に至らば、床の間には幅を懸け、楣《まぐさ》の間には額を飾り、鉄瓶、土瓶、茶碗に至るまで華麗、古雅、数寄を競い、而してこれらの装飾品中には意匠巧妙、製造また雅致にして、一見人を駭《おどろ》かすものなくんばあらず。殊に花壇《かだん》築山《つきやま》のごときは細工の巧なる、掌大の地に天地の美趣を隠括《いんかつ》して、自然に迫るもの鮮少なりとせず。これを総ぶるに我が国、古来の美術たる、敢えて甚しくギリシアの下風に立たざるに似たり。建築においてドリック方《ほう》の栄誉を伝うるパルテノン宮殿に企及すべきものを見るを得ずといえども、これに近似すべきものなしというべからず。ただただ構造の様式を異《こと》にするのみならんか。仏法の伝来と共に寺院建築の法をも伝来したりしが、殊に聖武帝の世、僧道慈《どうじ》が支那に遊び、造寺の法を学びて帰りしより、規模結構面目を一新せるの状あり。

帝の天平十三年、東大寺を南都に建立せるや周尺にて堂高さ十五丈余、東西二十九丈、南北十七丈、柱の最も大なるもの直径七尺に達し、その宏壮《こうそう》なる人目を驚かすに余ありき。その他比叡の梵宇のごとき、高野の伽藍《がらん》のごとき、建仁寺のごとき、方広寺のごとき、皆建築において荘厳なる標本と称すべきなり。南蛮築城の法を折衷してより、城砦の構造頓《とみ》に一変し、彼の乱雑を一統して四海に雄視せる太閤の大阪城のごとき、遺物の大半今なお厳として屹立《きつりつ》するが、規画小なりといえども実に堅牢なる建築物の模範と為すべし。彫刻に至りても金属、木材自由に使用して更に困窘《こんきん》の色あるなく、甲冑、鉄兜、刀剣、祭器、仏像等の製作、高美巧妙鬼神を哭《こく》せしむるやに思わるりものまた鮮少なりとせず。

源九郎の使用せりと称せらるる鉄兜鞍馬寺に宝蔵しありて、三角形の薄鉄板を以て造り、八幡座の上に鍍金《めっき》せし青銅の獅子を置き雄健精緻《ゆうけんせいち》観者《かんしゃ》服せざる為し。武田信玄がいわゆる諏訪法性の兜のごときも明珍の作にして村夫牧童《そんぷぼくどう》、またその名兜たるを知る。刀剣に至りては、厩戸皇子《うまやどのおうじ》の槐林剣《かいりんけん》、七星剣を初めとし、小烏丸のごとき、膝丸のごとき人の熟知せる所。継いで正宗、義弘等の名工前後輩出し、その技のほとんど最高の点に到達せしが、かくて装飾にもまたすこぶる華美を競い、柄のごとき、鞘のごとき、鍔《つば》のごとき、目貫のごとき精工絶妙なる彫鏤《ちょうる》また少なからず、中に就いて青木金家《あおきかねいえ》、明珍信家《みょうちんのぶいえ》、埋忠明寿《うめただみょうじゅ》等が彫鏤のごときは世の挙げて珍重せる所なり。形像に至りても大いに精工を極め、偉大を極めたるものすこぶる多く、聖《しょう》武帝《むてい》の世、鋳造せる南都の大盧遮那仏《だいびるしゃなぶつ》のごとき、源右府の時に成れる鎌倉大仏のごとき、その他短小なるものに至りては金製、木製の妙高なるもの随処にこれを見るを得ん。

殊にその宏壮雄大なるものは豊太閤が仏工の名手宗貞、宗印に命じて造らしめたる大仏像とす。当時干戈《かんか》初めて平らぎ、民ようやくその土に安んず。すなわち命を発し各諸侯より兵器を集め鋳て以てこれを作りしが、謂う所死者の供養をなしこれが為に冥福を祈るにありて、像高さ十教丈、仰視すれば宛として金銅の大丘に異らざりしと云う。その大想うべきなり。丹青の技に至りてもミケラジェロ、ラファエル、ルーベンスらと角逐《かくいつ》するもの、もしくは駕して上らんとするものまた必ずしも無しとせざるべし。巨勢金岡の技量は柴宸殿聖賢の像に現われ、明兆、周文の技量は仏像人物に知らる。古法眼元信《こほうげんもとのぶ》は和漢を折衷して新機軸を出し、松栄、永徳に伝えて皆美名あり。

永徳の孫探幽《たんゆう》画名天下に噪しく筆を揮《ふる》うて縦横に塗沫《とまつ》すれば山水、人物、花鳥風月一として活動せざるはなし。八丈島の流人英一蝶《はなぶさいっちょう》優に神品と称せられ、丹波の百姓応学は皆川淇園《みながわきえん》をして、「前代名画顧陸倫、今観君筆豈翅臻」と嘆賞なしたりき。詩賦《しふ》においては甚だ誇称し難しといえども人丸、貫之の撲摯秀麗、もとより尊重するに足る。降り七茶山、星巌等の漢詩に至りては思を馳すること沖粋《ちゅうすい》、詞を措くこと馴雅《じゅんが》、而して他諸家の作もまたあるいは雄健なる。あるいは清麗なる感慨淋漓《かんがいりんり》なるあり、凄婉委曲なるあり、清客また為に敬服するもの少なからず。

その他琵琶や、猿楽や、謡曲や、陶器や、漆器や、観察し来れば一として特有の美質を存せざるはなし。念うに過去における美術品の進運概して斯のごとし。もしこれを発達せしむるにその道を以てせば、将来の運命大いに好望を満し居ること疑うべからざるなり。

我が美術は、既に亹々《びび》として盛なりき。然りといえどもこの幾多の美術に就き、毅然として我が国の特色を表明するは果たして何者なるか。これを指示説明せよと言わば、何人といえども錯愕吃訥《さくがくきっとつ》、左右視して遽に解答する能わざらん。蓋し世常に許多の伯楽《はくらく》なし。故に槽櫪《そうれき》の間に駢死《へんし》するものといえども、必ずしも悉く駿駒にあらずと云うべからず。

美術の社会におけるも世に聞えずとて必ずしも悉く拙悪《せつあく》なるにあらず。而して世に評判高さとてまた必ずしも悉く巧妙なるにあらず。古来某の作なり、某の秘蔵なりとせば、世人《せじん》未だその物を見ずして已にその巧妙なるを念い嘖々賞揚《さくさくしょうよう》して天にも昇さんと欲するの奇観なきにあらずといえども、而も平心霊意、眼前の雲煙を拭い尽して仔細にこれを展観せば、そのいわゆる巧妙と云うは果たして何の点にあるか。ほとんど判別に困むもの鮮少《せんしょう》ならざるなり。今日泰西一部の人々が、日本の美術日本の美術と唱称《しょうしょう》して、日本の美術を賞讃し、貴重するは、日本の美術において大いに見る所あるにもせよ、その大半は一時の好奇心に動かされたる者に外ならずして、あたかも小児が竹馬を捨てて独楽を愛し、独楽を捨てて紙鳶《たこ》を愛するに類する所なしとせず。

それ然り、然るに外人らが一時の賞誉を千歳の確評と速断し、揚々として顧眄《こべん》自ら欣《よろこ》ぶ者あるは、豈思わざるの至りにあらずや。深慮せよ、我が美術、元決して軽侮すべきにあらざるもこれをして大世界に誇号《ここう》し、衒輝し、横行濶歩せんは未だ遽に不可なる者あらん。蓋し我が美術品中、進歩発達の高度を表せざるが為め、却ってあどけなき興味を現わせるを以て世人の愛玩する所となるもの少なからず。一二の曲線にて人馬を画くがごとき、あるいは竹を切りて簡雅に製造したる花瓶のごときその一なり。これらの画や器や、平生の玩物として雅趣無しと云うにあらざるも、以て宇内の美術界に向うて、常勝軍の芳名を博取せんは断じて成功の望なしと謂わざるべからず。

憾《うら》むらくは今日世人が得々として誇る所の美術品を観察せば、この種に属するものすこぶる夥《か》多《た》なることを。然りといえども邦人が美術に適するの資格あるは、更に疑う所なし。已に美術に適するの資格ありとせば、必ず特質の有りて存するものならん。単に好奇の心を以て一時愛玩せらるるものにあらずして、真成に日本美術の特色として指定すべきは、果たして何とかする。荘厳か、時に荘厳なるものなきにあらずといえども荘厳を以て特色となす、未だその可なるを知らず。雋逸《せんいつ》か、時に雋逸なるものなきにあらずといえども雋逸を以て特色となす、未だその可なるを知らず。幽韻《ゆういん》なるものなきにあらずといえども幽韻を以て特色となす、未だその可なるを知らず。孤高未だし。沈痛未だし。然らばすなわち通じて以て特色と称すべきはただそれ軽妙の一語ならんか。

要するに我が国の美術やもとより偉大宏壮たるものありといえども、概するに手軽くさらさらとして軽妙に渉《わた》るの風ありとす。外人の初めに我が国に来るや火輪の運転、横浜の埠頭《ふとう》に已み、東京に来り、地方に遊ぶ。そのまず眼窠《がんか》に入るものは家屋の構造なり。我が家屋の構造や、大底木材を組合せてこれを作り、瓦、石等を用ゆるは小部分に過ぎず。されば石あるいは煉瓦等を以て建設せる家屋に住居し、これを以てその目に染み、その心に安《やす》んじ、その体に習いたる彼ら外人、何処に適くとしてか我が家屋を奇なりとせざらんや。彼ら見て以て児童の玩物に彷彿し、而してやや大いに渉るものと思うと云う。またいわゆる人力車に乗じて走ればあたかも欧米に在りて小児を載せ、侍婢後よりこれを推し、公園に街道に遊び戯るるがごときものを拡大し以て大人を載せたるかに思われ、車轔々《りんりん》として疾走する時、覚えず唖然として失笑する者ありと云う。蓋し初めて渡来せる外人の所見にして斯かる傾向を生ずるあるは深く怪しむに足らざるものあらん。想うに我が家屋の構造、器物の製造、その簡略は著しき事実なりと謂うといえども、この簡略なる構造製造の間、自ら巧を弄したるの痕歴然として見るべきあり。寺院の構造のごときは元明に外邦の風を模擬せしものにして、すこぶる宏大雄麗、人を粛然たらしむるなきにあらざるも、漸次にその風を移して普通民人の家屋を造築するに至れば、大なるものは変じて細となり、雄なるものは変じて織となれり。かの玄関の構造のごとき以て一斑を見るを得べし。彼の銅像のごときも初めインドあるいは月氏《げっし》国より渡来せるものありて、傀《こう》偉健剛《いけんごう》、すこぶる異相を現わせしも、星遷《ほしうつ》り物換り、邦人の倣うてこれを作るに至りては久しくしていよいよ穆和《ぼくわ》の形相を現わし、俗流の人形と径庭《けいてい》するなきに及べり。能楽に使用せる仮面のごときも、初め隋唐より渡来せし頃はすこぶる雄邁《ゆうまい》の表象ありしといえども、たどりたどりて近世に至るまでの変遷を見るに、百歳、二百歳、四百歳、八百蔵、次第次第尋常に移り来り、近世に至りてはほとんど全く古代の異相を消滅し去りて更に求むるに由なきなり。

丹青《たんせい》のごときもまた然り。その宋元を学びし時や、能く壮、能く大、巧にその筆意墨痕を伝え得たりしも、我自ら機軸を出すに当りてや。その功拙は兎もあれ角もあれ、また遂に軽妙に傾くを免れず、かの浮世絵のごとき以て見るべきなり。音楽に至りてもまた然り。これを礼式の上に用ゆるや、甚だ鄭重《ていちょう》にして用いる所の管絃鐘《かんげんしょう》鼓《こ》、すこぶる翕如《きゅうじょ》の妙を尽せしも、通例世人の愛玩し、使用する者は三絃、尺八等の手軽きものにして、木葉を口にして朗々の響を発し、而して感歎措く能わざるもの少しとせず。

詩歌を作為するもまた然り。雄剣天を斬り、快馬山を馳すと云うがごとき長編大作はこれを見る能わずして、十七字、三十一字、二十語、二十八語、その最も長大なるものといえども辞を列する二千に上るものなし。かく我が美術品の概して軽妙に饒《おお》くして壮大に匱《とぼ》しきは、そも因由なしとせんや。蓋し国家久しく港を鎖して他国と交通せず、桃源、ユートピア、花自ら開きて自ら落ち、水長く流れ、鳥楽しく歌う。且つやその山水たる、風光また自ら軽妙の趣あれば国民の思想も自ら伴うて軽妙に傾きしならんか。要するに軽妙は邦人が一箇の特質として言説するを得ん。称して軽妙と云う。軽妙必ずしも敬重すべきの性質にあらざるも、美術上また一種の趣味を現すことを得る者なれば、果たして邦人の特質にして軽妙に傾きたりとせんか。ますますこの特質を発揚する、誰かこれを得策なりとせざらんや。現に支那との貿易において軽妙なるかのブリキ製の玩物、大いに販売の望みありと云う。独り玩具に満足せず、ますます軽妙の品物を出して広く宇内に伝播せしむるも、また事の宜しきを制する者にあらずや。

軽妙の特色あること既にこれを弁ぜり。然れどもこれ邦人が固有の材能を抽象し、概して以て言説せし者にして、敢えて四千万人悉く然りと言うにあらず。あるいは壮大なる観念を蓄え以て壮大なる製作に適するものあらん。あるいは固有の性質軽妙の製作に適すといえども、全然性と相反するものを容れ、巧にこれを製作するまた決して為し得ざることにあらず。もし策をここに取り、以て外物を容れんと欲せば、すべからくまずその容れんと欲する事物の性質を精査熟察し、以て将来の結果如何。得失如何を究めざるべからず。

これを建築に就いて例せんか。欧米の建築法はすこぶる堅牢なり。然れども今やこれを我が国に導き入れんには、まず一考せざるべからず。我が国の気候風土は果たして彼のごとき堅牢なる家屋を要するか。好しこれを要するとするも、建築の材料を多量に得るの望あるか、如何を。また彫刻に就いて考うるも、大理石の頭上より胸部、腹腰、足下まで、眼中まで悉く白色なるもの、果たして技士の心を励ますに足るか。好し技士の心を励まし得るとするも、工成りて後果たして看者の心を動かすに足るか。また絵画に就いて考うるも、果たして天女の翩々《へんぺん》として飛行せる形相を現わし得るか。果たして裸体美人を巧に現わし得るか如何。

泰西の音楽は人その整斉せるを称す。蓋し然らん、而してその最も発達せりと誇称《こしょう》するは実に仏国なり。然れども仏人や、真に音楽を聴きて感ずるより、寧ろ音楽を聴くをもって習慣となすに因り、外よりこれを見ればすこぶる音楽を欣《よろこ》ぶがごときの風あるも、これを聴きこれを感ずるは遥かに交趾《コーチ》或いはマレー人に及ぶ能わず、とはこれかの国人ルトルノー等の断じて明言せるところなり。而してこの音楽を取って直ちにこれを我れに用いんと欲す。果たして差支なしとするか。

演劇の事のごとき、一時靡然《びぜん》として事々物々彼を良しとせる偏視《へんし》より、ここは彼の彼処に倣うて斯く改めざるべからず。そこは彼においてあることなし。故にこれを廃せざるべからずと云うがごときは果たして当を得たるものなるや。果たして識者の見なりや如何。およそ事物はその前後より左右より上下より仔細に公平に研究し、而て後にこれを用いざれば、知らず識らず意外なる誤謬に陥ることあり。近来洋服は便利として一般に着用する所となり、日本人が俯曲せる体軀に強いて異形の洋服を着するも、これを着すること已に年所を経、今やほとんど習慣となりたれども、便利の為にとてこれを採用せしものならば、その初め短小にして背の曲りたる我が国民に適当せしむるの良法もありしならん。躬の窮屈を忍び不恰好なる見苦しき洋服を着けて外人に接す。そも不体裁にあらずとせんや。

細観すれば、家屋飲食、器具等に至るまでかかる変態の為に不体裁に陥りたるもの少なからず。彼も一時、これも一時、一時拝西の風靡然として全国を吹倒せるや。起ちてこれに抗する者あれば、人指目《しもく》して以て頑陋《がんろう》となし、また寔《まこと》に頑陋を免れざる者ありしならんも、そのいわゆる改良家の所為たるもとより深思して而して施行せしにあらざれば、今にしてこれを熟考せば、頭痛み、眼瞑《くら》み、空しく蒼を仰ぎて悔恨すべきものあらんか。

また風俗の上より見るも、いやしくも地歩を宇内に占め、天長く地久しく、日本国民として生存せんと欲せば、国土相当の風俗に依るを以て生存に巧なるものとなす。今や外人往々にして支那人が豚尾《とんび》の髪、チャンチャンの服、依然として旧習を改めざるを見、陽に笑うて陰に畏れ、我が邦人が高帽洋装、不恰好を顧みず、兢々として他に倣うを見、陽に誉めて陰に侮《あなど》る。これ必ずしも支那と我とを比較し、彼が国大いに我が国小なるを以て、敢えて優劣をその間に置きて、而して然るにあらず。公正にして局外よりこれを見ればあるいは実に然るものあらんか。彼我の形勢大いに分明に渉り、坐して以て彼が内情を探知するも敢えて至難とせず、然らばすなわち彼物を取りて以て我れに用いんと欲せば、予め精緻《せいち》にその得失を考うる所なかるべけんや。

かつて邦人の彼の開化を羨むや。国をして彼がごとくならしめんと欲し、すなわち宣言して曰く、彼の長を取りて我が短を補うと。彼の長を取りて我が短を補うは、すこぶる美事ならざるにあらずといえども、従来の取長補短たるや、彼の長を取らずして寧ろ彼が短を取りたるもの多し。ああそれ思わざるべけんや。そも深思熟慮してその得失を究め、能く我に応ずるものを以て我に移さんか。これを涵養《かんよう》助長せば、他日必ずや我が国の特色となりて宇内に現出せん。

已に然り、我が美術の美を宇内に発揚せんは、果たして如何の方策を取るべきか。邦人の特質たる軽奮《けいふん》をしてますます発達せしめんか。そも他邦の美、我れに順応せるものを取り、これを涵し、これを育し、これを培し、これを磨し、以て遂に我が特色と化成せしむべきか、念うに両つながら策の非なる者にあらず。蓋し本邦民人寡《すくな》きにあらず。而して人心の同じからざるはなお人面の同じからざるがごとく、甲乙丙丁おのおのその長所を異にし、その嗜好を異にす。然らばすなわち甲乙丙丁各各好む所に従って、好む所の芸術を研磨するは何人といえどもこれが不可を鳴らすものあらずといえども、而もこれを世界の競争場裡に投じ、各国の芸術と轡《くつわ》を駢《なら》べて相競わんと欲せば、及ぶ限りは自国の特資を現わしてこれに当るを得策とす。

たといその特質にして口を極めて称揚すべきものにあらずとするも、非難を容るるの余地なからんには、ますますこれを宇内に撒布せよ。これまた人数の美を極むるにおいて一箇の手段なりと謂うべきなり。そも美術の事たる、議論区々にして且つその標準またすこぶる動揺し易きを以て、ややもすれば一時の風潮に動かされ、あるいは一時の煽動に吹き立てられ、前後を忘れ、将来を忘れ、有頂天に騒ぎ立ち、而して遂に見事に失敗することなきにあらず。

今や我が美術は大いに外人の賞誉《しょうよ》するところとなりたれば、浅くも我が美術を以って無双のものとなし、些少《さしょう》の発達をなさず、些少の進歩をなさず、古物、近物ただ有のままにして宇内に睥睨《へいげい》するに至らんと思うものあり。洵に大なる誤解と謂うべし。邦人が美術の念に富むは打ち消すべからざる事実にして内外人の共に是認する所なるも、これを以って世界に競争を試みんと欲せば、目前苟且《こうしょ》の小利益と一時の煽動とを顧みず、なお深く考えて遠く慮るところなかるべけんや。

勿論望を沖天《ちゅうてん》に絶ち、翅《はね》を蓬蒿《ほうこう》に垂れ、碌々《ろくろく》として終わるは我が民人の本分にあらざるも、袒裼《たんせき》虎に暴して虎牙に膏するの愚をなすべけんや。深く警《いまし》めて戒めざるべからず。昔ユダヤ人困窮逆邅《ぎゃくてん》ほとんど生を安んずる能わず。而して自ら上帝の選民と称し、上帝英傑を下して国人を救うと信じ、自ら慰め、自ら楽み、日夜粛々としてこれを俟てりき。而してその人遂に到らず。蓋し天は自ら助くるものを助くるのみ。いずくんぞ寵を一国にのみ与うることをせん。天のユダヤ人にのみ幸せざるを知らば、以て我が国の美術にのみ幸せざるを知らん。起て、起って早く計をなすにあらずんば、我が美術の前途それあるいは墓土に葬られん。

於戯いやしくも人類の一部として全部の為に美を極むる所あらんと欲せば、豈《あに》刻苦《こっく》励精《れいせい》する所なかるべけんや。

# 偽悪醜日本人

老子曰く、天下皆美の美たるを知る、これ悪のみ。皆善の善たるを知る、これ不善のみ。故に有無相生じ、難易相成し、長短相較べ、高下相傾け、青声相和《せいせいあいわ》し、前後相随うと。ゾロアスターの教義には光の神アフラマズダと暗の神アンリマンユと宇宙を分領し、陰あれば陽あり、表《ひょう》あれば裏あり、以て万象を通貫すと言う。

これ蓋し偶然にあらず。有あれば斯《ここ》に無あり、吉あれば斯に凶あるは理の自ら然る所なり。それ既に吉あり、而して凶あり。これを抑うれば、彼揚《あが》る。故に吉を揚ぐるはあるいは以て凶を抑うるに異ならずと見ゆることあり。耶律楚材《やりつそざい》が一利を興すは一害を除くに如《し》かずといいしも、また豈これを以てするにあらずや。

然れども吉を揚ぐることことごとく凶を抑うると同一なりと為すべからず。家屋を改修するは家屋なる者あればなり。既に家屋なくば、何の改修をか要せん。ただそれ既に家屋の存するあり。而して改修するあらんとすれば、今の改むる所の為めには前の成る所必ず障礙《しょうがい》となり、大いに増修するあらんとすれば、必ず大いに破壊するあらざるを得ず。

それ進歩とは絶えず新造するの謂なるが、絶えず新造するには絶えず改修するを要す。その新造するに当りてや、必ず吉を主とせざるを得ず。而してその改修するに臨むや、すなわち毎《つね》に凶を抑《おさ》えざるべからず。吉の凶と相剋《あいこく》するや、寔《まこと》にこのごときあるなり。我が国家、運まさに一新に属し、事ごとに新造を主とす。

されども因習千年、その間また陳々《ちんちん》相依り、大いに破壊して而して改修せざるべからざる者多々あるなり。故にこれが為に真を揚げんには、必ず偽《ぎ》を破らざるべからず。これが為に善を揚げんには、必ず悪を砕かざるべからず。これが為に美を揚げんには、必ず醜を滅せざるべからず。

吉を揚ぐるは難くして、凶を抑うるは易し。その最も順正なる道は何如、吉を揚ぐるに如かず。もし及ぶべからずば、凶を抑うるも不可なし。然れども他山の石、玉を磨くべく、凶は以て吉を進むるの力たることあれば、頑空《がんくう》にして物なからんよりは、寧ろそれ凶あれ。以て吉を揚ぐるに足らず、更に以て凶を抑うる能わずば、その寂静《じゃくせい》にして事なからんよりは、寧ろ凶を行え。家屋を造る、主は新たに造築するに在らん、而して次はその無用不便の処を毀壊《きかい》するなり。然れどもその新たに造築するにおいてすらも、ことさらに加うるに百種の妨害を以てすれば、為めにその建築の堅固を致すこと反りて増すものあらん。

未だ構えざるに暴風これを倒し、未だ乾かざるに暴雨これを壊《やぶ》る。災はすなわち災なり。而もその災や、適々《たまたま》以て建築の牢固《ろうこ》を促《うなが》し、盗賊隙を鑽《き》る。禍はすなわち禍なり。而もその禍や適々《てきてき》以て鎖鑰《さやく》の厳重を促すべし。泰西建築の宏壮偉大にして牢固瑰麗《かいれい》なるは、そのかつて雪深きの地に在り、而して略奪盗劫《とうごう》が盛んに行われしが故なり。頑空寂静、熙々《きき》としてただ泰平に楽しまんよりは、困厄百端《こんやくひゃくたん》、闘乱して而して勇往《ゆうおう》するは、啓発の因あり。老子の無為を尙《たっと》びしがごときは、時を視て言を立つるなり。もし吉凶相回互するを以て、寂然《せきぜん》として偏《かたよ》らず、以て静黙を守るは真意を得る者といい難からんか。然れどもこれ万巳《ばんやむ》を得ざるのみ。

# 偽

少年あり。その質や穎敏聡慧《えいびんそうけい》にして、以て偉器を成すに足り、而して好良《こうりよう》の学校あり。充実の師資《しし》ありて就きて学ぶとせん。その学術において、大いに功を著さんこともとより期すべからん。されどもし彼が父は頑にして事理《じり》に濶《かつ》に、知らぬ癖に学術の事に喙《くちばし》を容《い》れ、不易の定理をも己がままに枉《ま》げさせんと試み、加うるに彼が朋友は寄りてたかりてただ管に彼を遊惰嬉戯《ゆうだきぎ》に誘いなば、彼たとい理義を弁ずるの能あるも、堕抑《だよく》に屈せられ、外誘に擾《みだ》さるるの漸積《ざんせき》、その心を措くこと定まらず、霊慧《れいけい》の性も為に昧まされて為すこともなくて已《や》みなん。ああ我が日本学術社会の現状は方にこのごとき者にあらずや。

悲しいかな、我が日本人は理義究明の能力未だ遽《にわか》に白人に譲る者ならざるに、ただ遮《さえぎ》らるる所ありて、十分にその能力を展ぶること能わざるなり。蓋し封建制度階級の制抑を破りしより日を為すこと未だ久しからざれば、一新の後、驚くべき進歩の形勢につれて学事の発達も目ざむるばかりなれど、根蒂《こんてい》深き階級制度の弊《へい》は、今に全く芟《か》り尽されず。

今日小学より遽して中学、大学に到るその教職を待するは、皆行政府の官等に準ずるなり。尋常師範学校の教頭が奏任《そうにん》に準ぜらるるより以上、官立専門学校の教授は皆奏任なり、大学教授も概して奏任にして、その尤《もつと》も昇進する者は勅任たるを得。

されど、その昇進する所はこれに止まる故に、親任官と同等の地位に到らんことは、学術上の地位を以て能くすべきにあらずと画《かぎ》られたり。而してその官等に準ずるや、いくらいくらと等級を分つこと、毫《ごう》もかの尋常一様吏胥《りりょ》の等級と異ならず。而してこれを総ぶるは、実に行政部の官長たる文部大臣なり。官等に離れて、別に学位というものあり。学位令ありて博士大博士の位を定むれども、而も学位を授くる者はまた文部大臣なり。文部大臣の指揮を奉じ、その議に参して授けらるべきの人と授くべきの学位とを評定するは、またまず高等の地位を占めし輩なり。

かくのごとく、学術世界の地位は皆官等に準ずるの形跡あり。以て、政府の一附贅《ふぜい》としてこれに頼らざれば、栄誉の地位を得べからざるなり。加うるに、世俗の学術を視ること、またすこぶるこれを鄙《いやし》むの風あり。世俗の言に曰く、理論と実際とは並行し難し。理論に於いて完全なりと称するも、これを実際に行うや、時あり処あり、その完全を必し難きは毎々然りとなすと。かくて政府の吏事を司りもしくは会社の事務に当るがごときも、学理に通ずる者は、かえって実務に妨《さまたげ》ありとし、下僚に沈滞せられ、閑地に放擲《ほうてき》せられ、憂鬱不平に閉されて、活動の機会を得ること少なし。殊にその商業会社に在るがごときは、顧客に対する倨傲《きょごう》鮮腆《せんてん》、商業の駈引などには露ばかりも用に中らず。これにおいて断ずらく、実際の活世界においては、学術理論は些《いささか》の必要なしと。また曰く、世は道理のみにて通るものにあらず、人情という者あり。曲折あり、纏繞《てんじょう》ありて道理の進路を左右するなり。

然るを学問ある者は、ややもすれば、人情を顧みず、兀々《こつこつ》として圭角ある理窟によりて求めて紛紜《ふんうん》を来さんとす。いやしくも理窟《りくつ》をのみこれ求めば、何事にか理窟の捏合《ねつごう》すべからざる。少しく人情を融和せば、事なくして円滑に了すべきを、かの附会《ふかい》の理窟を簸弄《はろう》して、自ら喜ぶの傾きは学問ある者の通弊なりと。

ああ学術杜会が方《まさ》に処するの境遇は、実にこのごとく憐れむべき者なり。さればにや、学術を攻むる者も、自らその状勢に制せらるる是非なき。学者にもあるまじき官等の昇級を希うもの概ね然らざるはなく、徒らに地位高き者の尾に附きて進むに営々たるなり。間々、志尚庸《しこうしょうよう》ならず、官等の昇級には眼もかけず、専ら学理の講究を務めんとする者あるも、地位低ければ研究の便宜も随って悪しく、而して便宜の善からんことを望めば、また官等の昇進を望まざるべからず。学者の員数は年々に増殖し、而して官等に準ぜられて地位を得る者の数と度とには限りあり。すなわち地位を得んと欲する者、昇進を希《ねが》う者は、その欲望の殷《さかん》なる程、上官にありて己れを進退する者の意向を候伺《こうし》して、これに順《したが》うことを務めざるを得ず。その上なる者、また更に順う所あり。究竟《きゅうきょう》する所は何ぞ。文部大臣なり。これにおいて、国内の学者を挙げてただ一文部大臣の意向に背かざらんことをこれ務む。文部大臣何人ぞ。行政部の一官長として方略の才識あるも、必ずしも天下の大学者たるにあらざるべし。これが議に参し、これを輔翼《ほよく》する者は積歳《せきさい》の効を量りて梯《てい》を上るがごとく進みし。老朽一般の徒多からずとせず。これそれ何物ぞ。

然るに勢力の在る所、そもこれを奈何せん。彼らの意向に従わざれば、その地位に安んずべからざるなり。されば、純粋潔直《けっちょく》にして余念なき学者が、初めてかの階級的学術社会に入るや、新たに沐《もく》する者の塵《ちり》にまみれし冠を戴《いただ》き、新たに浴する者が垢じみたる衣《きぬ》着くる心地して、堪えがたき不快窮屈を感ぜざるにあらず。

ただそれ居の気を移すや、四顧の境遇に順応することの常となりて、正義を踏みて真理を発揮せん決心も、涅《でっ》にすれば、何時しか緇《くろ》み、磨けばいつしか磷《うすら》ぎて、不知不識、自ら枉《ま》げて虚偽の魔界に堕落するに至る。師範学校のごときは、ただ有司《ゆうし》の命これ奉ずる所、言うを要せざるべきか。大学のすこぶる自由にして地位低き者も割合に勢力を保し易きを以てするも、儕輩《さいはい》の栄進を競う者多ければ、左顧右眄《さこうけい》、地位の為に心を擾《みだ》されて、断然として傍眼《わきめ》もふらず、学理究明に身を委ぬること能わず。大臣の好尚《こうしょう》は何如、総長評議官の意想は何如、自治か干渉か、兢々としてこれを推定し、安んぜずしてこれに順うの習い度重なりては、竟《つい》に安んじて偽を真として自ら怪まず。故に一般官吏に比すれば、心胸開豁《しんきょうかいかつ》にして論断公平に必ずしも桀《けつ》を助けて悪を為さざる大学教授等にして、なお何処《いずこ》となく、因循卑屈の風を帯ぶるを免れず。いわんやこれより以下の学校教職が、心術のいよいよ鄙陋《ひろう》に傾くは、推して知るべきのみ。

精金美玉《せいきんびぎょく》、市に定まれる価あり。学位何物ぞ。而もこれを得るに熱中し、ただこれ幾年の後定規《ていぎ》の試験を受けて博士の位を得まほしさに大学院に入る者あり。精研覃思《せいけんたんし》、何ぞ独り大学院においてせん。これに入るは、いわゆる学位を得んが為ならば、欲する所、豈学位にして止まんや。その俗臭鼻を衝く。等級の進退に汲々たるを怪しむべきにあらざるなり。学士奔競《ほんきょう》の風すなわち爾《しか》り。昏々瞶々《こんこんかいかい》として俗の等級高き徒に左右され、自ら枉げて真偽を混淆《こんこう》し、而してようやく以て下専門学校出身の徒を風化し、師範学校よりして更に小学教員におよび、竟《つい》に以て幾百万多望の幼弱子弟《ようじゃくしてい》を風化し、天下を挙げて、卑屈陋劣《ひくつろうれつ》の風に浸漸《しんぜん》せんとす。歎《たん》ずるに勝《た》うべけんや。且つかの理論実際背馳《はいち》の邪説が流すの毒もまた大ならずんばならず。学理の蘊蓄《うんちく》極めて厚く、精に詣《いた》り、徴に通ずるも、これを排して空論と曰えば、会て一文銭に値らず。宏遠精妙《こうえんせいみょう》の理論を発揮して、これを唱説《しょうせつ》するも、空疎迂濶《うかつ》として嗤笑《ししょう》せられて已むが故に、勢い進んでこれを為す者なく、日常瑣《さ》屑《せつ》の事情に順適して、以て実用を哀求す。官に在りては迂腐《うふ》にして、活用なきの学者と視られんことを恐れて、強いて庸吏《ようり》の態度を学び、足趦趄《ししょ》し、口囁嚅《しょうじゅ》し、目を挙げ、手を揺《うご》かすの間、上官の意を迎えて、巧にこれに投じ、以て自ら才ありと為し、かつて学ぶ所に正して意見の謬《あやま》るあるも、誣《し》うるに、実際の然らざるを得ざるを以てして、甘んじて、是非を顚倒《てんとう》す。初めやただ実際の必要に由り、枉げてこれを是とする者、終には更に牽強《けんきょう》して、為に理論を附会し、以て弁疏《べんそ》を試みて当為となせば、すなわち至らざる所なきなり。商業会社に在るがごときは、学者という名称は、更に忌むべき者たれば、物慣れたる商人の風を粧《よそお》わんとて、世辞を稽古し、さもなき事にも、余計の追従して得意とし、かつて刻苦して職業に必要なる学芸を習得しながら遺忘《いぼう》して惜まず、巧佞捷給《こうねいしょうきゅう》、日また日を消して、かえって世才に長けたるに誇り、すなわち彼自らもまた学術の実際に益なしと曰い、以て濶達《かったつ》を衒《てら》うなり。

道理人情の曲折におけるもまた然り。必ず人情に通じ、酸《すき》も甘《あまき》も嘗《な》め尽したる粋人と云われんことを希《ねが》い、務めて圭角《けいかく》ある道理を避け、突梯滑稽《とっていこっけい》、更に定見なく、行々以て卑劣醜陋《しゅうろう》の行に陥没するも、人情已むを得ずとして、一時苟且《こうしょ》の計に営々し、以て人を恕し、幷《あわ》せて已れを恕るすはまた甚しからざらんや。木偶《でぐ》のごとく、機械的に動作する官吏会社役員のごときは、咎むべきの数にあらずとするも、職に後進の教育に当る者だにこの風に浸漸《しんぜん》して悔いず、ますます以て偽徳偽理の横流《おうりゅう》を致す。滔々《とうとう》たる流俗ああそれこれを奈何せんや。

弊害の横流は、既にこのごとくなれば、たとい邦人の能力、白人に譲らずといえども、学術の進路壅塞《ようそく》し、事理研究の便開けざる。真を極むるの一路より白人の欠陥を補塡《ほてん》して、一流の真理を闡揚《せんよう》して、人類世界の進歩を助けんこと、到底望むべからざるなり。今その親父、その子の教育を監督してそれをして、放恣《ほうし》に流れしめざるはもとよりその職分ならん。

されど学術日進の世に処して、その子が習得する新学理、己れの知らざる所に喙を容れて、強いて真理を枉げしめて、順《したが》えば賞め、逆えば責むるは過ぎたりと云わざらんや。学術の発達もまた然るなり。肆《ほしいま》まに極端の意見を主持し、急激の理論を唱道し、以て国家社会の秩序に害する所あるは、政府のこれを制するは不可とせずといえども、学術の理論は必ずしも政府吏胥の能く弁ずる所にあらず。またそのこれを論断するの権利ある者にあらず。豈彼らが好悪に洵《とな》えて真偽を混淆せしむべき者ならんや。且つ師範学校の校長といい、教頭というがごときは、彼もとより官長の命令に唯々として、これ従うの徒、これを云うも詮なからん。されど大学教授のごとき地位を以て、ことごとく官等に準じ、某教授は奏任幾等と等級を定めて省庁の吏胥《りしょ》に均しく、学識いかに高きも、あたかも僅かに書記官と上下し、異数の昇進によりて勅任に上るも、各省次官に対するに過ぎず。

大臣親任官の資格は、万々望むべからず。学術を研精《けんせい》するは、官職地位に求むる所あるにあらず。その大臣親任官に望む所なきやもとよりなり。されどもその修むる所の学術いかに進達して著大の功績を立つるも、これに酬ゆる所の地位名誉は文部大臣の賜ものたるに過ぎずして、大臣に膝を屈して、その下に拝せざるべからずば、これ豈畢生《ひっせい》身を委して従うべきの価ある事とするを得んや。而して人間として、不見識たり、学者として学術を辱しむる者とせざらんや。

医師に佐々木東洋氏あり。かつて戯《たわむ》れに曽我中まさに語りて曰く、「もし軍医たらんか、その昇進を極むるも、才に少将に比肩《ひけん》す。すなわち生涯の功労いかに大なるも、以て中将に当るに足らず。我れ豈驕《きょう》心《しん》必ず大将に当るの材ありと信ぜんや。さりながら一生を委して中将に当るに足らざるの業に従うは慊らぬ心地せずんばあらず。我の軍医たるを望まざりしは、これが為めなり」と。今の学術社会に生息ずる者、能くこの言に爽然たるなからんや。

これを総ぶるに、学術の事は、務めて俗流を支配する官等位階の圏套《けんとう》を脱せしむるに如かず。政府の監督はただその放肆《ほうし》にして、秩序を濫《らん》すを制するに止め、学術に関する処措《しょそ》は、その社会の自ら治むるに任じて、吏務《りむ》官司《かんし》の事と全然岐分《きぶん》し、その社会に在りて、最高の地位を占むる者は、枢密顧問官の類に準じて、政府の最高官に下らんめざるを可とす。学位のごときも、欧洲諸国のごとく、沿習の制を為し、学術未だ進まざる時代の遺称、今においてなお用いらるる者のごときは、その実に副わざるも怪しむに足らずといえども、この間、学位令の新たに制せられて、必ず幾多の学者をして、これに当らしめんとし、而してこれを評定し、これを授与する者は、官吏たらば、たといその撰にして当るも、すこぶる奇怪の観なくばあらず。これら無用の挙、断じてこれを廃除するを可とす。

官等位階学位のごとき、無用の階級、学者の地位を定め、いやしくもこれなければ、学術社会に些の勢力だも得る能わず、学理研究の便宜また随って乏しきを免れず。これ実に今日学術の独立を妨ぐるの要因たれば、この弊習を掃蕩《そうとう》せんが為に、学職の官等に準ずるを停めんことを建議し、位階を奉還し、学位を返付して、超然として俗世界を脱すべきは、方今《ほうこん》大学教授等の当に務むべき急となすなり。

且つ学術を専攻する者が、理論の実際と並行せずと云われんことを恐れて、勉めて区々たる実際に順適せんとす。これ大患なり。もしその執る所の業にして、純粋の学術にあらず。職務あるの事業ならんには、その実際の状態に順適するは、その所なりといえども、斯のごとき区々たる実際瑣屑《させつ》の業務は、もとより概括せる学理の応用を煩《わずらわ》すに足らず。この区々たる者に強いて応用せんが為に、高遠の実理を下して、必ずこれに就かしめ、以てその吻合《ふんごう》を求むるは分を知らざる者なり。

而して学理の実際に叶わずと軽断《けいだん》する者のごときは、謬妄《びゅうもう》の至りなり。一時の趨勢に適応し、一場の事情を表明し、繁瑣《はんさ》なる統計を列叙して、事実を弁明するがごときは、古今に貫穿《かんせん》し、東西に通徹して、精究確覈せる学理の証明に比し、果たして大いに価値ある者とすべきや。理論の実際と合せずという、これもとより信ずべからざるの言たり。何となれば、理論なる者は、正確なる事実を説明するの貫線なり。果たして実際に合せざらんか、いわゆる実際の虚偽なるにあらずば、理論の謬妄なるに過ぎず。理論を精研する所以は、正にこの謬妄を絶たんが為なり。もし理論にして、その精を極めば、求めずして自ら実際と一致せん、何ぞ枉げて実際に合するを求むるの必要あらん。

道理人情の斟酌《しんしゃく》というがごとき、これまた正を持する者の患うる所にあらざるなり。真摯の人情、誠実の人情は、必ず道理を合同す、道理の人情を離るるは、適切の道理にあらず、人情の道理に協《かな》わざるは、秀優の人情にあらず。すなわち道理の外において、人情という一傍経を開く。宜なり、人情なる語が、常に鄙陋《ひろう》の病処弱点を蔽《おお》うて、これが為に分疏《ぶんそ》するの器たるや。欲望は人清なり。すなわち継ぐに盗奪を以てするも、また人情ならずばあらず。人情にして恕《じょ》すべくば、世間何の罪悪か恕すべからざるあらんや。

人情は実に道理を弁ずる力の進歩に促されて進む。惻隠《そくいん》の心、人の為に身を捨つることあらん。人の為にするは、道理に通ずるなり。道理を知るの明徹せる、義務を感ずるの情を励ますこと、極めて強く、人の事情を察すること、己れの事情におけるごとく、人の難を視ること、己れの難を感ずるに異ならず。卒然としてこれに遇うも、身を捨ててこれに従う。これ人情の道理に促されてこれに至るなり。人情の道理に協合することこのごとし。豈これを以て道理を昧まして、罪悪を教うるの具となすべけんや。

そも学術の不幸、この境遇に沈淪《ちんりん》するは、学者の自ら取る罪また多し。あながちに政府と世俗とを咎むべからざるなり。その官位に束縛せられ、汚俗に超脱する能わざる所以は、彼ら自ら上官および世俗に対して、その品位を保つの能力なかりしのみ。彼らは会て学術を専攻し、その真理を発揮し、上官の命に怖れずして、自ら伸ぶるの力あるなく、終生奔走して好官美俸を得んことをただ求め、得る者はこれに満足し、得ざる者は徒らに惆悵《ちゅうちょう》す。何ぞ外間の軽侮を受くるを怪まんや。彼らが唱うる所の理論、その実際と背馳《はいち》するや知るべきのみ。その理論の高遠にして、直ちに日常瑣屑の事に応用すべからざるにあらず。彼らの能力に闕乏《けつぼう》せる杓子定規に一を執りて変ぜず。変転無窮《むきゅう》の境遇に適用するの道を知らざりしにこれ由る。道理を執りて人情と背馳するがごときも、実にこれ有りき。一知半解《いっちはんかい》の法律家、文法を舞弄《ぶろう》してことさらに道理の至当を離れ、好んで圭角《けいかく》を生じて、人情を破壊せしがごとき実例少なからざるなり。およそこれらの者は、皆学者の自ら褻《な》れて、その神聖なる学術の独立を失いし所以《ゆえん》なり。然りといえども、去る者は咎《とが》むるべからず、追うべきは、なお将来に在り。

徒らに過去の失敗に泥《なず》んで、学術の独立を妨げ、上官の意向のままに左右し、世俗の毀誉《きよ》のままに浮沈して、是非を顚倒《てんとう》し、真を滅して偽を長せば、学術の発達それ何れの日かこれを望まん。人類の以て下等動物に異なる所以は、正にその知識の進歩に在りとす。すなわち知識の進歩は人類の栄誉ある天職としてこれを勉め、真を極むるの路を開くべき所、これ区々たる官司と区々たる世俗との制抑に屈すべき者ならんや。

貧弱後進の国が、以て富強先進の国と並び馳せて、その品格を高むべきは、知識を磨礪《まれい》し、学理を研究するより善きはなし。而して我が日本人の能力、あたかもこれに適当す。これ以て勉むるなかるべからず。奈何《いかん》せん。抑うる者ありてその発達を妨ぐ。豈速に芟除《さんじょ》して大いに伸ぶる所以を求めざるべけんや。その任に当る者は誰ぞ。これに重ねて大学教授等がまずその官等位階学位を棄てて、学術独立の基を建てんことを望む。よって延《ひ》いて諸学校におよばば、こいねがわくは学術社会を一新するの効旦夕にして弁ずるを得ん。

議会の喃々《なんなん》、六百五十万円の経費節減は、その影響する所すこぶる少なからずして、風塵の表に卓出せざるべからざる大学をも、遂に駆り立てて波浪の中に入らしめたり。かくて曰う、大学の経費良師を聘《へい》するに足らざるに至れりと。果たして然るか。そも今の帝国大学、明治十年の以前に在りては、呼んで開成学校と称せられ、その教員は、大抵外国人にして、多くは師範学校の卒業生にあらずんば、キリスト教の宣教師、然らずんば陸軍の退職士官なりき。故を以って学の浅く、識の高からざりしは、当然のことにして、ただ邦人に在りても、新知識の全く欠乏せる。輒《たやす》く彼らの力量を判別すること能わざりしかば、大金を擲《なげう》ちて、彼がごとき浅学薄識《せんがくはくしき》の徒を聘用《へいよう》し、上下共に謹み慎みて教授を拝聴したるは誠に已むを得ざる次第と云うべし。その後開成学校は改め称して、東京大学と呼ばれ、明治十九年更に革新して、帝国大学となれり。その間幾年々、校の内外、学問著しく発達したるのみならず、遠遊して泰西に学び、帰り来って教師となりたるもの、また少なからず。

且つ職員学生等に至りても、久しく外人と交際せしを以て、彼らの力量を判知《はんち》せしものすこぶる多く、為に外人任用の事に至りては大いに意を用いるの傾向を生ぜり。而して怪しむ、今日なお外人の来って、我が大学に教授となるものの、彼に在りて僅かに業を大学に卒《お》えたるのみにして、学識経験見るに足らざる徒輩に過ぎざるを。それ我が五分科の大学中、最も高尚深邃《しんすい》の理論を教授するは文科大学にもしくはなき筈なり。而してその教授たる人物果たして如何。

彼のブッセを見よ、リースを聞け。彼ら実に本国に在りて、僅かに業を大学を卒え、而して直ちに渡来したるものにあらざるか。曰う、「ブッセは哲学者なり」と。蓋し然らん。彼実に課業において、ロッチェの管理を学びたる哲学者たるなり。その人となりより観るに、抗顔《こうがん》して哲学者といわんよりは、寧ろ美術家となるのふさわしきに如かざらん。曰う、「リースは歴史家なり」と。蓋し然らん。その何の力量あるかは知るべからざるなり。彼らの本国に在るや、大学の教授はさて置き、学問に依って一身を立てんと欲するがごときも、やや過分の望と謂わざるべからず。而して幸運逢着して、その我れに聘用《へいよう》せらるるや、惟に巨多の旅費を博取せるのみならず、三百五十金の月俸を得、且つ校内に在りてすこぶる重要の地位を占むるを得。彼らの学芸既に斯のごとく、彼らの為に費す所、既に斯のごとし。これ洵《まこと》に学ぶものの為に不幸なるのみならず、経費より言うも、また無勘定と云うべく、好しこれなお忍ぶべしとするも、外国大学に対する面目を如何せんと欲するか。見よ、彼の大学に在りては、員外《いんがい》教員とすらなりて教授を受持つ能わざる徒輩にして、我が大学に来れば、一躍して重要の地位を占むると云うこと、豈体面に関する大ならずとせんや。

そも外国大学の他国人を教師に聘用せるや。たといその人にして、自国人の企及《ききゅう》すべからざる学識経験あるも、自国教師の上位に置かざるを普通の事なりとす。而して我に在りては事全くこれに反し、なるべく外人を優待して好地置を与えんと欲す。外人を優待せんこと、あながち愚として非難すべきにあらず。特に我が教員の識力が、学生を信服するに足らざる時は、鴃舌《げきぜつ》の人をして、意味ありげに弄弁《ろうべん》せしむること些の不可なしといえども、莫大の金額を擲ち、重要の地位を与え、而して凡庸《ぼんよう》の徒輩を聘用せんこと、豈事の宜しきを得る者ならんや。

いやしくも三百五十金の月俸と重要の地位とを与うとせば、秀逸の碩学《せきがく》を招くには足らざるまでも、なお学識に富み、かねて教授の経験に富める教師を聘用し来ること難しとせざるなり。鴻儒《こうじゅ》必ずしも多額の金を貪らず、聘用するにその道を以てせば、欣々《きんきん》として到せん、これ事実なり。架空の想像にあらざるなり。想うに我が大学の外国教師にして、真正学者らしき人物の来らざるはまた決して故なきにあらず。蓋し我の教師を聘用せんと欲するや、まずかの文部部内の吏胥《りしょ》を介して、これを求む。吏胥のこれを紹介するや、吏胥に縁故深きものにあらざるはなく、吏胥に縁故深き程のものにて、庸流《ようりゅう》の人物にあらざるは少なし。これにおいてか、前日僅かに学校を出でたるのみにして、数十金すら得るに容易ならざる徒輩が、忽ち三百五十金の月俸と重要の地位とを得、且や我が国に来れば生計の費用すこぶる廉なるを計り、吏胥すなわち自己に縁故深き人物を求めて応ず。

ああこれ洵に大金と地位とを擲ちながら、得る所は斗筲《としょう》の人物のみなる所以なり。今我が大学の外国教師中、評判よきはエッケルトにして、斯の人や我が国に来る前、某会の会長たりしといえども、一度は本国に在りて、教授の任に当りしこともあり、我が大学の教授として敢えて恥かしき人物にあらざるが、なおかつ学識はその短処たるを免れず。他推して知るべきのみ。

ここに何ぞブッセ、リースを詰責《きつせき》して快とするの要あらん。且つリースのごときは、またすこぶる美質、研鑽力苦《けんさんりきく》せば、他日嶄然《ざんぜん》として傑出するなきを保せず。すなわちこれを咎むること、はなはだ酷なるべからず。ただ経費既に足らず、故に良教師得べからずというものあらば、これ大いに非なり。いやしくも索むるにその道を尽し、学問上にて、良師を得んと欲せば、今の経費にして足らざるあらんや。ただ選択任用如何を顧みんのみ。ああ外国教師を今のままにして、而して経費足らずと云う。誰れかこれを至理と云わん。至当の進歩あれば、経費容易に増加し得ん。一国の品位を高むべき学術の事業を案出せば、六百五十万円の大半をも割取するを得ん。憾《うら》むらくは多々ますます弁ぜんとするも、多々ますます弁ずるの資格を欠けるを。

## 悪

丈夫あり。休養憩息《けいそく》すること、已に久しく、体力為に勃々《ぼつぼつ》乎として上騰《じょうとう》し来るとせん。然るに、誤って背理の見解を懐き、運動するを害ありとし、なお永く休憩するを以て心身を修養するに足るとせば、すなわち如何。もしこれをしてなお永く静居沈坐《ちんざ》せしめば、気鬱し心塞がり、精神快々、身体羸衰《しんたいるいすい》して事を取る能わざるに至るべし。然れども人の世に処する、以て為すべきの業務なかるべからず。すなわち起ちて、事に当らんとす。而して敢為《かんい》の気なし。進んで業を成さんとす。而して堅忍の力なし。

これにおいてか、強いて酒精の興奮剤を妄用し、快活猛旧の風采《ふうさい》を発揮し来り。頼て以て為す所あらんとするも、奈何せん興奮剤を以て振起したるの結果や、徒らに脈搏の度数を迅速ならしむるのみにして、その体力と精神とに至りては、いよいよますます衰弱の深淵に堕落するを免れず。思うに我が国現代の状況、これに異なるありとするか。

それ国已に衰弱す。故に世界万国虎欲狼貪《こよくろうどん》、強大なる者、跋扈《ばっこ》跳梁《ちょうりょう》して、弱小なるもの、気息奄々《えんえん》とし、公道隠れて光なく、偽善横行して寰宇《かんう》に遍《あまね》からんとするも、為に一臂《いっぴ》の力を奮い、正義を主持して、これを四隣に伸ばし、以て人類福祉の一部分を増進せしむる能わず。かえって兇悪の迫り来るあらば、首を垂れ尾を動かし、惴々焉《ずいずいえん》として屈服せざるべからず。ああこれ我が国現代の状況なり。

我が国の海外と争わざる幾世代、藤原仆れ、平源仆れ、北条仆れ、足利仆れ、而して織田豊臣は徳川と代りたるも、ただ面積二万五千方里の島中に起仆興替《きふこうたい》せしに外ならずして、その外邦と兵陣の間に交渉せしは、僅々《きんきん》指屈《しくつ》するに足る。室内に蟄居したること久しと謂うべきなり。

米国水師提督の浦賀に来るや、唐土天竺三韓の外、世界別に国土あるを知らざりし邦人は、皆錯愕喫驚《さくがくきつきょう》し、ここに初めてアメリカ合衆国あるを知れり。かくて英来り、仏来り、露来り、白刃の下に恨を呑《の》みて、地下に入りしもの幾百人、五箇の港は開かれて貿易場となり、三箇の土地は開かれて互市場となれり。それ斯のごとくにして初めて海外と交通し、来者拒まず、往者追わず、自ら称して維新と云い、忽然として国家快活の勢力を現わさんとせり。これなお久しく蟄《ちっ》したるものの奮わんことを思い、久しく伏したるものの起たんことを思い、永く室内に盤施したるものの庭園に運動せんことを願うに異ならず。特に昇平三百年、士民挙げて休息睡眠に飽き、欠伸《あくび》し居るにおいてをや。この時や、正にこれ外国に向うて十分の能力を伸張するに恰当《こうとう》せる時にして、勃々たる士気を鼓舞煽動して以て虎揚するあらば、一鳴して近隣を驚かし、再鳴して寰宇を驚さんこと、いずくんぞ期して俟つべからざらんや。

勃々たる士気は、すなわち現われて征韓の議となり、痛く朝野の人心を風靡《ふうび》し、敵愾《てきがい》の気概然として海内に充満し、戦艦備わらざるも三軍海を絶ちて鶏林《けいりん》の地に旭旗を翻《ひるがえ》さんとせしに、不幸にして志や嘉《よみ》すべく、才や称すべきも、皮相上より先進国の形勢を観察し、文明の真相全くここにありと臆察せし三四の文臣、欧米の漫遊より帰り来り、盛んに非戦論を唱えて、武を隣国に瀆《けが》すは策を得たるものにあらずとなし、聖聡を動かし、同僚を誘い、遂に躍々として毛髪の機会をだにあらば、奮出踊躍《ふんしゅつようやく》せんとするの士気を抑圧し去れり。斯のごとく発揚せんと欲する士気を抑え、敢えて発揚する所ならしめしが為め、世上の事々物々、壅塞礙滞《ようそくがいたい》して開達疏通する能わず、人心鬱々として愉まず、悶々として快からず、かくて内乱相継ぎて起り、江藤新平佐賀に死し、前原一誠萩に斃《たお》れしも、不平の徒与雑然として国中に散在し、一火消えて一火燃え、一乱鎮定して一乱起り、遂に西南戦争の大疾患となりて出で来れり。これ皆強いて飛揚奮起せんとせし士気を抑圧せし結果にして、また如何ともする能わず。かくて金額を擲つこと数千万、人を殺傷すること数万、僅かに鎮定に帰ししも、爾来幾年、天下の事業一に渋滞して更に振起の勢なく、転《うた》た志士をして北斗を睥睨《へいげい》し慨然として涙下らしむ。

然るに泰西に於ける人口の過殖と労力の余儀とは、年々歳々級数的に増来し来るを以て、彼らが方土における事業と面積とは、これを容れて豊厚なる能わず。いわんや彼らが冒険の志気に富みてその勢力を海外に伸張せしむるをや。これにおいてか彼らが勢力の東迫し来る。月に歳にそのますます猛烈なるを見る。然り、海外の形勢切迫の来るは応に現代の一大現象にして、我れまた猛烈たる勢力を興発し、以てこれに当らざるべからずといえども、而も今や体力衰弱萎縮して事ここに出ずる能わず。ああ命窮《めいきゅう》せるかな。

已に外に向うて勢力を伸張する能わず。すなわち内に顧みて運通を奨励し、汽車汽船電信郵便等いやしくも、頼て以て運通の利便を補助するの力あらんものは、悉く発達助長せしめんとせざるはなし。故を以て期年の間にして鉄道は四方に延長し、電線は空中に縦横し、熙々《きき》として文明国土の外観を備え、而して商人最もその恩恵を蒙れり。何をか商人と云う。そも商人とは、この地の物品を彼の地に運搬して販売し、彼の地の物品をこの地に運搬して販売し、以て彼此を疏通《そつう》するにあり。古語に商而通之と云い、商不出則三宝絶と云いしは、これに外ならず。

今や汽車汽船の便大いに開け、運搬すこぶる迅速頻繁を極むるに至りたれば、西洋舶載の新事物あるいは都会の贅沢物、朝夕に飛び去りて山間の僻村、毎浜の鹵地《ろち》に至り、漁翁村媼《ぎょおうそんおう》の玩弄となるもの少なからず。それ運通の便や大いに開けたりといえども、天産物《てんさんぶつ》もしくは製造物に至りては依然として進歩発達することなく、幕府為政の日と今日とを比較するに、その優劣の較著《かくちょ》たるものあるを知る能わず。実に今日の状況たる運通の利便のみ比較的に発達して、通通せらるる産出物に至りては、伴うて発達せず。いわゆる進歩は跛足的の進歩に過ぎず。これすなわち世間の一般に開通しながら、一般に不景気不景気と唱うる所以なり。病源全くここに在り。これなお気の鬱結せるを解放せんと欲し、強いて興奮剤を用い、以て血液の循環を速めたれば、皮相上一時はすこぶる快活の外面を現わしたるも、漸々衰弱し憔悴《しょうすい》して容易に回復すべからざるに至りたるがごときか。

血液の循環をして迅速ならしむること、必ずしも非なりとせず。ただ血液の循環を迅速ならしめんが為め、悪性の分子を注入し、これが為めに精神および身体に変動を起こし、以てその調和を失い、整斉《せいせい》を失うに至りては、豈長嘆に堪うべけんや。焼酒、ブランデー等を用いて以て心気を興奮せんと欲する者、往々この患を免るる能わず。それ汽車汽船等を縦横に開通し、以て大いに変通往来の便利を拡大するは、人の挙げて慶賀する所なるが、ただ如何せん、運通の利便急遽に拡大し、而して運通すべき生産物のこれに伴うなく、而して交通の迅速利便なるが為め、必用よりも幾倍か多数の商人を出すに至れり。これらの商賈《しょうこ》や、物品を運搬販売するよりも寧ろ高帽鮮衣、一時を瞞着《まんちゃく》し、空手にして大利を攫取せんとす。

これ滔々《とうとう》たる山師流にして世人称して紳商と云うものすなわちこれなり。そも紳商とは何者ぞ。彼らは名を公益に仮りて私利を経営せり。有司《ゆうし》に賄《まかな》うて官業を請負えり。姦商なり。博突商なり。彼らは秀でたる材能《ざいのう》なし。ただ権家《けんか》に出入し権家に結託し、世人の未だ知らざるに官府《かんぷ》の内情を探知し、予め法律政令の向う所を知り、市場の物価動揺せざるに乗じて算盤を撫し、機会一転忽ち巨万の怪利を攫取《かくしゅ》す、商売の実なくして、富巨万を積めるものは実に彼の紳商なり。その譎《けつ》以て法網を逃れ、その智以て愚民を惑わし大官を誘う。

会社の起こるあれば、彼ら必ずその重役たり。払下あれば、まず彼らが手中に落つ。その他彼らが勢力処としておよばざるなし。而してその勢力の及ぶ所は悉く変じて腐敗潰乱、悪臭紛々《ふんぷん》たる処とならざるはなし。ああ国家を腐敗せしむるものは、実にこの紳商なり。

今や貧民に教育なく、自家の地位を疑うこと能わざるを以て、意気激昂《げきこう》、志気跳躍、党与を結び異説を唱うるなきも、月移り歳換り、顧みて自家の地位を明知するの日に至らば、彼らそれ遂に何をか為すべき、豈他日と云わんや。想うに紳商を抑制するにあらずんば、社会の百弊得て除くべからず。蓋し紳商の跋扈してより、真正着実に事業の為めに黽勉努力するも、その黽勉《びんべん》努力に伴うだけの利益なく、かえって事に実際の事業に従わず、巧言令色、便佞艶媚《びんねいえんび》。権家の門に出入し、官府の間に攀縁《はんえん》する徒与の為に、巨額莫大の利益を壟断《ろうだん》占有せらる、これいずくんぞ独り商のみならんや。

農や、工や、皆挙げて然らざるはなく、勉励の労、酬の以て労に当るに足るものなく、徒らに隙を窺う遊子の嚢中を肥すに過ぎず。ああ分配の偏頗《へんぱ》、何物か焉れに加えむ。されば国家の為め為すべく興すべきの事業、雑然として紛出するも、心身を擲ちて事業の為めに黽勉し、事ようやく緒に就き、利ようやく挙ぐるに至れば、忽ち多福なる紳商の乗る所となるを恐れ、以て興すべきの事業を興さざるもの豈絶無なりと謂うべけんや。ああ事業の発達せざるは紳商の跋扈にあり。

紳商は事業を奨励する所以の者にあらず。今や政府の率先前導して計画せる事業にして、今日の国家民人の必需緊要なる事業あるも、天下民人つ異口同音に論難攻撃するものあるは、そも何に依て而して然るか。他に故なし。ただ有司紳商相結託して、陽に陰に悪性の分子を容るる所あるが故なり。また軍事上、国家の危急を知了し、歩騎砲工諸兵の兵員を増加し、砲台を増築し、銃器を精選し、糧食を山積し、いわゆる帯甲百万、積粟如山、四方の邦国をして隙の以て乗ずべきなからしめ、あるいは甲鉄艦《こうてつかん》を増加し、巡航艦を増加し、通報艦を増加し水雷艦を増加し、軍港を増築し、大礮《たいほう》を購入し、士官を選択し、水兵を練操し、四方の邦国をして望みを以て逡巡退縮せしめんと欲す。たとい然らざるも平和一朝に破れ、幾許の敵艦、舳艫《じくろ》相接し、海を蔽うて而して来り、剣光沿岸に閃き、砲雨辺海《へんかい》に降り来るあるも、更らに周章狼狽の色なく、農夫は隴《ろう》畝《ほ》に耕し、商賈は市上に売り、天下国家をして平居暇日のごとくならしめんが為め、為に歳入を高め、経費の増加を企図せんとするも、国民のこれに向うて同情を表わし、必用を感ずるなくかえって呶々《どど》囂々《ごうごう》として論難攻撃するは、そも何に依て而して然るか。紳商の姦智《かんち》乗じて以て聚集せる金額の幾分を消靡《しょうび》せんと企つるを恐るるに依るにあらずや。

軍備拡張の挙らざる、紳商その責に当らざるべからず。蓋し紳商の社会に在るは、なお脳中の血液に悪性の分子の入るがごときか。いやしくも脳中の血液にして悪性の分子の入るあらば、考察力を痴鈍《ちどん》ならしめ、遂に貴重なる脳漿《のうしょう》をして迷誤し錯乱して用ゆべからざるに終らしむ。

紳商は社会の悪分子なり。有司と通ずるに因りて政府迷誤し、社会に跋扈するに因りて邦家錯乱せり。これを要するに、皮相上欧米の文化年々歳々に膨脹し来るの観あるも、実際の事業進歩せず、民人《みんじん》衣食の度依然として上進せざるのみならず、かえって年々歳々幾分ずつ低落し来り、貧民窮氓《きゅうみん》従って増加し、年一年次第次第に国力の衰弱せるは瞞過《まんか》すべからざる現代の実状なり。

この衰弱せる体力を以て海外に当らんと欲す。なお病者を駆って壮夫に向うがごときのみ、誰れかその危難を危まざらん。而して国家をしてこの極に至らしめたるものは、彼ら紳商の為す所、極めて多し。然りといえども、紳商をしてこれに到らしめたるは、曩《さき》に勃々たる士気を圧抑して発揚する能わざらしめたる彼の姑息《こそく》主義に基かずとせず。

概して論ずるに、不景気不景気の嗟声、四方に喧しく、国力年を追うて次第に衰弱に傾向するは運通の利便一時に膨張し、而して運通の利便膨張したるだけ、運通すべき物品の産出せざるにあり。これにおいてか気徒らに労れて前途すこぶる遠く、転た悵然《ちょうぜん》たるもの少なからず。

而して最も社会を傷えるは、彼の悪性の分子たる紳商の跋扈にあり。然らばすなわち邦家隆興、国力振作の長策として、今日に施行すべき大急務は社会の悪分子たる紳商の掃除にあり。これを為すの方如何。曰く、細大漏すなく、彼らが賎《いやし》むべき、悪《にく》むべき内情を天下に暴白し、天下の人をして彼らが醜陋《しゅうろう》を明知せしめ、彼ら如何に巍々《ぎぎ》たる家屋を建築し、燦爛《さんらん》として室内を装飾するも、如何に鮮帽を戴《いただ》き、鮮衣を穿《うが》ち、八字髭を生やし、金時計を輝かし、車は流水のごとく、馬は游龍のごとく、揚々として駆り廻すも、紳商は真商ならず、卑陋《ひろう》の種族なりとし、これを擯斥《ひんせき》して大いに勢力を社会に得せしめざること、なお明治以前における豊富なる××のごとくならしむるものあり。

且つや現今の選挙法たる、徒らに狭隘《きょうあい》に失して、富者もしくは虚仮《きょか》にて富者を装うの徒に便し、識見あり、才幹ありて、正真に事業に黽勉《びんべん》するも、些々《ささ》たる資格の遮障《しゃしょう》する所となりて雌伏《しふく》するもの真に僅少《きんしょう》なりとせず。

されば宜しく選挙両権の範囲を拡大し、以て暴富者と偽富者とを抑圧屈服すべきなり。ああ紳商を抑制せざれば、実業振興せず、実業振興せざれば、不景気挽回せず。不景気を挽回するの策、ここにあり。国富を増すも策ここにあり。国権を伸ばすも策またここにある。

封建の制度は人心を陶冶するにおいて極めて必須たりき。人類の未だ発達せざるや、その渧互《ていご》協合《きょうごう》の情に乏しき、強いて而してこれに迫るあるにあらざれば、以てその結合を牢《かた》うすべからず。これにおいて兵戈絶間なく、単なる者は敗れ、衆なる者は勝つが為に、これに一団、かしこに一団、兵力武断に強制されて結合体を成し、而して数結合体《すうけつごうたい》を一団としてこれを統ぶる者、而してまた数大結合体を一団として更にこれを統ぶる者を生じ、逓して上り、遂に全く一国人民を統合して、ここに一大範囲を形つくり、恣に藩籬法度《はんりはっと》の外に出ずるを得ざらしむ。これ封建制度の常態なり。

一人の私利を軽んじて、他人の為にし、邦国の為にするの思想は、斯に初めて薫養育成せらる。いわゆる士風これなり。封建時代の士族は、一般に義勇の風を崇尚し、国の為にし人の為にするの美徳を具有せり。後世におよびて国民の徳義風尚《とくぎふうしょう》が尊ぶべきの資を備えたるは、概するに、往時士族の風尚が推拡《すいかく》して普《あまね》く全人民におよばせるなり。

その業の商たり、工たり、農たるを論ぜず、その志尚の尊くして、品格の高き者は、皆かのいわゆる士風に薫染するに由る。泰西のジェントルメンと称する所の者は、実に封建時代の士風を伝承し、これに薫染《くんせん》せし者にして、そのあるいは商賈の業を執る者といえども、彼皆私淑する所あり、務めて士風に向往せり。米国の拝金に熱中する。人皆その徒らに個人の利害に汲々として、政治のごとき公共の大事は実に腐敗を極めたるを道《い》う。されど親しくその内地に入り、地方農民の状態を察すれば、彼らが自重に篤《あつ》き、実にこの間士族の気風を存する者あり。而して欠く所は吾が士流の虚誇驕傲《きょこきょうごう》の習のみ。故にその気象の高尚なる、毅然として、天下の大事を以て自ら任じ、眼中大統領国務卿なきの概《がい》あり。

放任自由の太甚しき、斯の邦のごときを以て、その建国の根本牢固にして、日に強盛《ごうせい》を致すは美徳の深く民心に根《ね》ざする、彼がごとき者あればなり。然らずして、拝金の醜俗果たしてその国風たり、商工の業を執る者にして、皆いわゆる町人根性の外、一も高尚なる特質なからしめば、四分五裂、潰散《かいさん》の極、かえって桀黠《けつかつ》専圧《せんあつ》の徒に統制せらるるや久しからんのみ。

吾が邦に在りて往時封建制度の整備は実に完備を致し、士族の風尚美徳を薫養せしこと数百年。一旦事あれば、皆一身を擲ちて、公共の為めにし、死を視ること真に帰るがごとくなりしなり。これを以て初めて外国と交通し、国情紛々として天下皆その危急を憂うるや、士人《しじん》の奮発挺身《ていしん》して国家に効《いた》さんと欲する者、為めに死に就く者、挙げて数うべからず。継いで維新の改革を成し、よって而して新事業を企図すること踵を接し、今日に至るまで、身を公事に委して、経営奔走し、以て一世に勢力を占むる者は、皆士族なり。士風の国家に重んずべき所以、洵にこのごとき者あり。

切に怪しむ。近日士人が、ようやく務めて町人の風を学び来るの傾向あり。その衣服、その態度、皆殊さらに簡厳謹整《かんげんきんせい》を去りて、町人の靡浮灑落《びふさいらく》を為し、以て得々として自ら喜ぶ風あるを。ただかの豪紳鉅商《ごうしんきょしょう》という者のごとき、漫《そぞろ》に自ら尊大にして、華族の驕慢に倣《なら》う者間々これありといえども、また貴顕《きけん》といい、華族という者も、その交際応酬において務めて鄙俚《ひり》の商人を学ぶの風は、一般に行わるる所なり。

士族の種に出ずに者にして、怜悧慧敏《れいりけいびん》の目ある者は、彼必ず商人の風を為す者たるの状あり。この逆施《ぎゃくし》の形勢、果たして何の由る所ぞや。蓋し封建の制度、三百年の久しきに弥《わた》り、無事昌平にして、人心の錬磨を欠き、弊害の積習、漸く上にして裕なる者は日に愚なるを致し、幕府新政に方りて、活潑に機務を裁決せし老中のごとき、諸大名以下のごときも、その裔孫《えいそん》は皆婦人の手に生長せし紈袴《ぐわんこ》の子弟なり。漠として世事を解せず、徒らに下僚《かりよう》の成を仰ぐのみ。故に幕府の形成、方に一転して維新の改革を促さんとするに際しては、その事に当り務《つとめ》を処するに堪うる者は、僅かに薄禄《はくろく》下等の士族、もしくは足軽の類に過ぎず。これら賎士《せんし》、足軽が、その上を視てその暗愚を嘲りしや久しかりしを以て、その一旦志を得て、自ら天下を料地するの位置を得るや、甚だかの茫々然《ぼうぼうぜん》として鼻を穿たるる旧上流の迹を襲うことを嫌厭《けんえん》し、慧敏軽快にして直ちに効果ある商賈の徒と好んで交を結び、而して自らその風に感染せらるるを致せり。加うるに維新改革、士族の事一たび終わるや、余勇未だ索きず、沸鬱《ふつうつ》の情、道を得てこれを発洩《はつろう》せんことを欲し、直ちに志を海外に馳せ向者内国局促《きようしやないこくきよくそく》の観念を拡大して、日本国家という観念となし、大いに敵愾《てきがい》の気を鼓して、千里の足を伸べんとせしも、端なく征韓論の一挫折に逢うて、この壮大なる観念感情は、節々に抑屈に竟《お》えしめられたれば、折角に揮発せられたる国家公共の事に赴くの元気は、これを用いるに処なく、日銷月磨、次第に姑息に流れ、斯かる髀肉の歎に堪えざるの輩をして、已むなく商売投機の業を学び、以ていささかその力を用いんと欲するの念を発せしめ、士人の心腸《しんちよう》は、ますます以て商売私利の感染を受くることとなれり。今や顧みて前時の来路を視れば、茫《ぼう》として認むべからず。

自らその立脚の地を視れば氷を履《ふ》み薪《たきぎ》に坐するの思あり。すなわち国を挙げて絶叫して、国家の元気餒《う》えたりと嘆息す。その由る所実に歴々として指すべきを省せず、而して周章したる眼には正しく物を認むべからず。これを済《すく》う所以の策においても倉皇《そうこう》として為す所を知らず、慨《がい》すべきかな。

それ今代は、商業の世なり、財利の世なり。商業もとより重くこれを視ざるべからず。然れども今日の我邦《わがくに》における、いわゆる商人根性を以て、大いに商業の世界に振うあらんとするは、至難というべきのみ。目前の小利に汲々として、左支右吾《さしゆうご》、錙を羸《あま》し銖を剰す、これ豈世界に濶歩する異邦商人と競争して大利を博得するの材ならんや。今や利口小慧の徒、一世に充塡す。もし商業を談ずるに当りて、雑《まじ》うるに国家ということを以てせば、人皆笑って空論とし、嘲りて過大とするを常とす。然れどももし事業の始終を大観して、更に大いに我が商業の規画を拡大し、かの異邦商人と馳騁《ちへい》せんとする者あらんか。往時士族が一身を委《い》して国家公共に尽すの心を以て心とするにあらずば、能くすべからざるなり。

その為す所にして零利《れいり》を拾い、人余を趁《お》い、屑々《せつせつ》として労働し、外観の醜陋《しゅうろう》なる、支那人のごとくするも可なり。外観の醜陋は必ずしも士風義勇の気を失う所以にあらず、要はその目的とする所、公《こう》にあると私にあるとの別のみ。支那人の世に厭嫌《えんけん》せらるるを以てするも、その商業における、能く約束を守り、異邦万里《ばんり》の途に流浪して、堅志事に当り、財を殖《ふや》し産を興すこと、この邦のいわゆる商人風なるものと大いに経庭あり。その白人に畏懼《いく》せらるるは決して故なきにあらず。

ああ商業の世、財利の世、国家の元気を維持するは、ただ商人が往時士族の風尚《ふうしょう》を以て事に従うに在り。ただただそれ趨勢《すうせい》の奈何ともするなき、この風尚を興すもまた人力《じんりょく》の能くする所にあらざるの疑あり。これにおいてかこの元気を発揚《はつよう》するの策を講ずる者、あるいは曰く、姑く末節《まっせつ》に拘々《こうこう》するなかれ。ただ外国と戦うに在るのみと。戦は危道なり。豈漫《みだ》りに欲すべきものならんや。而も且つ戦の欲すべきを道《い》う者は、それ見る所なからんや。幾《き》を知るはそれ神か、ああ幾を知るはそれ神か。

## 醜

軽薄女子あり。軽薄男子戯れにこれを謂いて曰く、「卿が容色天下に類《たぐい》なからん。たとい然らずとするも、温乎たる卿が目、藹乎たる卿が眉、世間豈多くその類を看るべけんや」と。一片の賛辞忽ち女子の心を宙宇《ちゆうう》に飛ばし、得意揚々、自ら以て絶世の美人となし、鍍金《めつき》の鈿釵を挿《さしはさ》み、鍍金の指輪を飾り、衣帯はなるべく人の指目《しもく》に留るべきものを欲し、ことさらに言語を装うて優美の風を示さんとし、ことさらに歩行をしなやかにして人の顧盼《こけい》を得んと欲す。

もしそれ傍観者より一瞥すれば、いやめかしき事限りなく、その外形の鄙陋《ひろう》、その精神の鄙陋、いずくんぞ嘔吐を催さざらんや。而も軽薄女子自ら以て好しとなし、顔色は装飾と共に燦然《さんぜん》たる光彩を放つとなし、以て稠人《ちゆうじん》広座の間に出ざるも敢えて人後に落ちずと思う。豈言うに堪うべけんや。想うに我が国現今の美術たる、すこぶるこれに類する所なきか。

今や美術の語はほとんど天下を風靡し、美術と云えば、何となく人をして神聖高尚なるがごとき思いあらしめ、為に美術を愛好すると言い、美術の製作に従事すると称すれば、転た世間の俗物をして開化超乗《ちようじよう》したる人物のごとく思わしむ。然れども静に美術とは何ぞや。何物を指して言うかと問うに至りては、確然として明解し、明指する者なく、ただ屑々《せっせつ》たる児戯同様の者を目し、茫乎《ぼうこ》として美術美術と称道し居るに過ぎざるなり。されば髪を撫で付け、羽織の所目正しく、抜き頸に澄まし込み、而して以て美術の思想に富めりとなすもの鮮少なりとせず。すすぶりたる大黒天、あるいは仁王様の彫像を見、訳もなく、妄《みだり》に誉め立て、煙草入れの飾り少しく奇雅《きが》に馳せ、舌切雀などの金具あれば怱ちひねり廻したる文句を並べ、床の間に文晁《ぶんちょう》の画幅を掛け、柳の枝にても生け置けば奥ゆかしきなどさざめきて以て美術の思想に富めりとたすもの鮮少なりとせず。

風の神や、観世音や、羅漢等の絵画を見てただ管に感服し、あるいは筆鋒を無遠慮に揮《ふる》い立て、人にや案山子にやほとんど区別のなき者を稀有の名画と感賞し、而して以て美術的の思想に富めりとなすもの鮮少なりとせず。バイオリンやピアノの朗々嚠々《りゅうりゅう》として響くのを聞き、ただ鼓膜に触るるのみにして精神には何の感動をも起さざるに、すこぶる感動したるがごとき顔色を装い、而して以て美術の思想に富めりとたすもの鮮少なりとせず。

文字も練らず、趣向も練らず、思想に至りてはもとより卑陋《ひろう》下劣なる書き流しの短編小説を読み、文字が何、意匠が何、思想が何と利口気に半分冷やかして批評めかし、而して以て美術の思想に富めりとなす者鮮少なりとせず。ああ豈鮮少なりとせんや。これ皆美術の思想に富めるがごとき外見を装い以て世間に誇らんと欲する徒与《とよ》にして、滔々天下正にこの深淵に堕落せり。且つ美術家と称せらるる徒輩《とはい》に至りても、また何ぞこれに異ならんや。

試に見よ。鑿鉋《さくほう》等にて木材を削り立て彫り返し、以て一箇の像形を刻み挙げなば、忽ち彫刻家と賞賛せられ、絵具の使用法を心得、画筆の運び様を覚え、紙に向い、少しく勿体つけて、すらすらと線を引き来り、さらさらと彩色を附し去れば忽ち画工と賞賛せられ、ピアノの鳴らし方、琴の鳴らし方を一知半解せば、忽ち音楽師と賞賛せられ、恋いたりとか、恋われたりとか、美人とか、才子とか、何人も知れども口にするに忍びざる男女の痴情を記載せば、忽ち小説家と賞賛せらる。ああ何ぞ美術家となるの容易簡単なるや。

そも美術とは美の観念内に鬱勃《うつぼつ》して、而して知覚に通徹する者にして、触視《しよくし》両覚に発出するを彫刻とし、純一に視覚に発出するを絵画とし、聴覚に発出するを音楽とし、而してことごとく意想に収納して衆事を関縺するを詩文とするなり。而してその由って来る所を探繹《たんえき》せば、あたかも万川流れ来って一海に入るがごとく、彫刻の美や、絵画の美や、音楽の美や、詩文の美や、悉く納めて一の観念に帰せざるを得ず。これを放てば発して種々の美術となり、これを収めば潜《ひそ》みで一の観念に帰す。美術の由って現わるる所、蓋しこれのみ。故にもしそれ作家にして、美の観念内に鬱勃するなく、而して外徒らに美術の形状を擬するものは、あたかも鍍金と同一にして、外面において光彩燦爛《さんらん》たるも、その実いずくんぞ取るに足るものあらん。いやしくもその実取るに足るなからんには、零雨寒雲忽ち放擲《ほうてき》せられて識者の一顧に直《あたい》せざるは知るべきのみ。ああ観念の内に鬱積するなく、而して彫刻と称して徒らに木材を彫削し、観念の内に鬱積するなく、而して絵画と称して徒らに紅緑《こうり》を塗抹《とまつ》し、あるいは音楽と称して、徒らに声音を放出し、あるいは詩文と称して、徒らに文字を排列す。これ醜婦にして白粉《おしろい》を塗り付くるなり。乞食にして錦繍を纏うなり。愚人にして才子振るなり。拠その拠にあらず、位その位にあらず。妄より虚粧空飾《きょしょうくうしょく》し、鍍金を輝かして、以て世に誇り、以て自ら喜ぶは、その醜体洵に憫笑《びんしょう》に堪うべけんや。

想うに美の観念たる、自家の脳奥《のうおう》より湧出し、他人の有せる観念と相接続し、相合同し、ここに初めて充足の情懐を得。今や雄偉《ゆうい》、高壮、温籍《おんせき》、巧妙、仰ぎて欲すべく、就きて親しむべき美術の発現なきを以て、已むを得ず観者《かんしゃ》に在りては、今日のものを以て甘心《かんしん》せざるを得ずといえども、豈その識力《しきりょく》の進歩せんことを冀望《きぼう》せずして可ならんや。いわんや作家に至りては奮発淬励《さいれい》、大いに進捗発達せんことを冀望《きぼう》せずんばあらず。作家等それ悠々として消光《しょうこう》すべけんや。そも雄邁《ゆうまい》の作家たらんと欲せば、雄邁の手腕なかるべからず。もしそれ彫刻家ならんには、鑿鉋《さくほう》等の使用に熟達せむことを要し、画工たらむには画筆の運用に熟達し、兼て巧に色彩を弁分するに熟達せざるべからず。

音楽師に在りては、指頭《しとう》の運転敏捷巧妙にして、兼て音声の清朗爽快《せいろうそうかい》ならんことを要し、詩文に至りては、巨多の詞藻を記憶し、縦横自在にこれを駢列し、以て少しも困窘《こんきん》の色なきを要す。ただこれらの技芸たる、天賦の才能に属し、強いて学んで以て達し易からざるあれば、幸いにしてこれらの才能の賦与せられたるものは、いよいよますますその能力を発達せしめざるべからず。然りといえども単に鍍金的に外部の能力のみを発達せしめたりとて、未だ遽《にわか》に可なりと称すべからず。宜しく内部より意想《いそう》を富まし、観念を富まさざるべからず。

すなわちいやしくも彫刻家にして英雄の肖像を彫刻せんと欲せば、すべからく英雄の意想を洞察する程に英雄を知らざるべからず。いずくんぞ以て肖像の眉をして躍然たらしむるを得んや。画工にして山水の光景を描画せんと欲せば、徒らに線の曲げ方、延ばし方のみに齷齪《あくせく》せずして、十分に山の巍然《ぎぜん》として立ち水の溶然として流るるの勢を感得《かんとく》し、脳中まず一箇山水の好粉本《こうふんぽん》を備え、而して後に筆を下すを要す。澎湃《ほうはい》轟々たる海波《かいは》を描写せんと欲するがごときあらば、仔細にその呑天沃日《どんてんよくじつ》、鯨を奔らし、虬《みずち》を駭《おどろ》かすの勢を感得したる後においてせざるべからず。もし然らずんばいずくんぞ観者の心目《しんもく》を動かすを得んや。音楽に至りても聴者の感情をばその心胸の奥底より呼び起こし来り、これをして躍々として飛動《ひどう》せしめ、以て奏者の感情と同一ならしむるを要す。果たして斯のごとくならんには、奏者にしてまず自ら十分に感動せざるべからず。小説に至りても、いやしくも卓絶出色の述作《じゅつさく》をなさんと欲せば、得意失意、悲痛楽観、種々様々の境遇に出入《しゅつにゅう》するか、然らずんば活眼を開いて人情世態の働作変転する処を洞察分析せざるべからず。もし然らずして、浅薄に人情世態の外面を瞥見し、依て以て不朽の大作をなさんと欲する者あらば、愚にあらずんばすなわち狂なり。また彼の徒らに古語雅言を記憶し、意想もなく、観念もなく、捏造し捏造したる詩歌俳諧のごとき、いずくんぞ以て同胞だも泣かしむるを得んや。何ぞいわんや鬼神《きじん》をや。

諺に曰わずや、詩を作らんと欲せば作者自ら詩中の人たらざるべからずと。これ実に内に鬱積せ所ると外に発現せる所と相一致するを要する謂にして、美術家たるもの皆然らざるべからず。そも純金とは、内部外部共に純一無異の金質《きんしつ》を称呼せるものにして、徒らにその外面にのみ金箔を展包《てんぽう》するは、これ人を欺き、兼て自ら欺くものにして、醜極れりと云うべきなり。然らばすなわちいやしくも美術家たらんと欲するものは、ただに区々たる手腕の熟達のみを務《つと》めずして、大いに意想をこれ鍛錬せざるべからず。

而して意想を鍛錬せんと欲せば、常に心を世界の形勢および万有消長《ばんゆうしょうちょう》の事態に着け、精密仔細にこれを観察するを要す。もしまた一室に閉居《へいきょ》して真正の美術家たらんと欲せば、誠心誠意、神解黙通、心と眼とを古来事物の最奥底まで透入し、古来事物の精神と自家の精神とを一致協合せしめ、滾然《こんぜん》として別観念の迸出《へいしゅつ》し来らんことを求めざるべからず。彼の小人党を作りて咫尺《しせき》の天地に齷齪し、世態の隠微に通ぜず、世界の趨勢に通ぜず、万有の消長に通ぜず、古来事物の精神に通ぜず、少しく前人の糟粕《そうはく》を嘗め、古人の胡蘆《ころ》を画くのみにして、意想もなく、観念もなく、区々たる手腕に依頼して、得意自ら欣《よろこ》ぶ者のごときは、いずくんぞ以て美術家の名称を授与するを得んや。蓋し今のいわゆる美術家と称せらるるものを見るに、多くは卑陋賎劣の徒与にして、目して以て真の美術家と称するに足るなく、一見人をして不愉快の心を生ぜしめ、二見三見、人をして嘔吐を催さしむ。

これその強いて外面を美術的に塗抹するのみにして、美術家その人の生涯と観念とは美術中の人にあらず、俗寰塵裡《ぞくかんじんり》の小才子、小細工者なればなり。故に心あるものよりこれを見れば、彼らが自ら託して美術家と称し、世人《せじん》のこれを許して美術家と称するは、洵に言語道断の至りにして、寧ろ醜術《しゅうじゅつ》家《か》と云うべきなり。

彼のミケランジェロを聞かずや。鑿《のみ》を取って大理石に向えば、精神躍々として体外に溢れ出でんとす。些少《さしょう》の鈍角を欠くべき所に眉目高く張り、口唇堅く結び、全力を注ぎて鑿を打ち下す。工成りてこれを熟視すれば、雄偉《ゆうい》優越、ほとんど活動せんと欲するの勢あり。これ他の故なし。先生の生涯観念は美術的の生涯観念にして、畢生の力集まりてここに在ればなり。

彼の古法眼元信《こほうげんもとのぶ》が泉州一国寺に一檜と二十五鶴とを止めしは人の嘖々《さくさく》する所なり。先生の画師としてこの寺に来るや、寓すること三年にして一画をも作るにあらず。

主僧怪んで故を問い、且つ曰く、「拙僧もとより先生衣食の費を厭うにあらずといえども、事少しく解すべからざるものあるを以て敢えて問うのみ」と。先生答えて、「年来の謝恩として何物か画《えが》く所あらんと欲す」と云い、而して五六日を経過するもなお未だ筆を下すを見ず、一夜更闌にして、雛僧《すうそう》、主僧の許に来り謂いて曰く、「画師の挙動怪しむべきものあり、主僧願くはこれを見よ」と。主僧すなわち往いて先生の室を窺う。先生これを知らず、身を障子の腰板に寄せ、種々に姿勢を変じて、寝臥の形影《けいえい》を障子に反映せしめ、自ら眺め、自ら頷し、展転反側《てんてんはんそく》することその幾回なるを知らず。その翌先生筆を取りて、一室の杉戸《すぎと》に向う、而してその現われ出ずる所皆臥鶴《がかく》の図にして、絶妙絶技、筆下ほとんど鬼人の寓するがごとし。

斯のごとく先生夜はすなわち影を障子に写して形体を案じ、画はすなわち筆を取りて杉戸に向い、十余日にして二十五の臥鶴を画き了れり。

一夜主僧復先生の室を窺い、その翌先生に謂いて曰く、「先生が今日画かんと欲するは、応《まさ》に斯のごとき臥鶴ならん」と、具《つぶさ》に姿勢を擬してこれを問う。先生大いに驚き惘然《ぼうぜん》として云う所なし。これにおいて主僧すなわち告ぐるに夜来の事を以てす。先生画かず、別に一檜を画き東国に向うて辞し去れり。先生往き往きて函嶺《かんれい》に至りたまたま一檜を見、心大いに感ずる所あり。すなわち歩を反して一国寺に帰り、曩《さき》に画きし檜樹に一枝を添う。画致遽に横生し、微風起り、緑翠滴《りょくすいしたた》らんと欲するの高趣《こうしゅ》あり。

蓋し先生の半筆零墨《はんぴつれいぼく》といえども、後人のこれを尊重宝蔵すること珠玉ただならざるは、豈偶然なりとせんや。また彼のベートヴエンは実に音楽の大家なり。一夕月に乗じて友と共に陋巷《ろうこう》を歩す、一茅屋、内に瀏朗《りゅうろう》の音あるを聴き、歩を止めてこれを聴取し、忽ち入りて訪う。一少年一少女あり、共に粗笨《そほん》の衣服を纏い、少年はテーブルに向うて靴を造り、少女は頭髪五六茎垂れて頬辺《ほうへん》に懸り、悵然《ちょうぜん》としてピアノに倚《よ》れり。而してこの女や実に盲《めしい》なりき。

已にして先生情懐《じょうかい》禁じ難く、少女に代りて坐《ざ》をピアノの前に占めしが、先生が指頭《しとう》のキーに触るるや否や、切々嘈々《せつせつそうそう》、次第に弾じ来りて、次第に情多く、忽ち止まり、忽ち動き、忽ち浮び、忽ち沈み、その妙音譬うるに者なく、少年は工事を止め、少女は両手を以て胸臆《きょうおく》を押え、座客好音に動かされ陶然《とうぜん》として酔えるがごとし。時に月光窓を射て、ピアノの上に落ち、その幽逸言わん方なし。已にして曲畢《おわ》るも先生心深く感ずるあるがごとく、寂《せき》として一語なく、まさに起ちて帰り去らんとす。諸人強いて再びせんことを請う。先生すなわち思う所あるがごとく、長空《ちょうくう》を眺め、星斗《せいと》を睨《げい》して、また一曲を試む。初めは幽寂《ゆうじゃく》として月光の下土を照らすがごとく、後には閃睜《せんせい》として怪鬼の草間に舞うがごとく、人をして外囲物《がいいぶつ》を忘れ、自家を忘れ、転た身の人間にあるを覚えざらむ。

蓋しこれ世間希有《けう》の妙音にして、美術家の能事ここに至りて極まれりと謂うべきなり。仙女の裳《もすそ》羽衣の曲を舞いて天に登り、師曠《しこう》の白雪の音を奏して風雨暴《にわか》に至れるがごとき、不稽《ふけい》の伝説といえどもそれ他あらんや。これ皆初めより瑣々《ささ》たる手先きのみに依頼せずして、全心《ぜんしん》を挙げてここに注入するを以て、精神汪々《おうおう》として溢れ出で、美の観念また従って滾々《こんこん》として溢れ来るが故なり。

今のいわゆる美術家たるや、競うて手先きの繊巧《せんこう》を尚《たっと》び、而して意想を鍛錬するなく、たまたま意想を鍛錬するものあるも、浅薄にして見るに足るなく、あるいは巧に感情を現すものあるも、その現す所は、ただ一部分の感情のみにして、美術ずきの称号をもらいたき人物は観て以て感賞する所あらんといえども、平心《へいしん》虚意《きょい》に観察せば、実は感ずるに足るなきなり。そも美の真粋《しんすい》を発揚せんと欲せば、まず美術家その人の生活をして、美術的たらしめざるべからず。もし美術家その人の生活をして美術的ならんには、その技芸少しく拙なる処ありといえども、大いに見るに足るものあること、なお純金ならんには、形像甚だ下劣なるもすこぶる賞するに足るがごとし。

今や我が梨園《りえん》社会に在りて、団洲の技量的に絶倫絶佳《ぜつりんぜつか》と称せられ、団洲にして一去せば、饒饒たる幾多の俳優中、恐らく一人の起ちて後勁たるべきものなかるべし。蓋し在来の俳優たるや、品行不良、性質浮薄、学問識見等に至りには分厘もこれあるなく、柔張軟繊、身振仮声《こわいろ》等を弄《ろう》して得々たる怪物その堕落集合したる所にして、少しく事物を識別するの眼光を具有せるものならんには、誰か好んでこの魔界に堕落せんや。已に然り、故に幕落ち、場開き、彼らの舞台に立ちて舞うや、飛揚《ひよう》活動、観者をして肉動き、血跳り、ほとんど席に堪えざる能わざらしむるなきは、職としてこれに由らずんばあらず。もしそれ忠臣蔵を演ずるにおいて、果たして彼らの群中に一箇の寧馨児《ねいけいじ》ありて、大星由良之助《おおぼしゆらのすけ》の性質を感得し、人物を認覚し、依て以て由良之助て扮したらんには、たといその身振と仮声とに至りては左程妙巧ならずとするも、必ずや大義漢《だいぎかん》としてすこぶる観者の心目を動かすに足るものあらん。

然れども如何せん彼ら卑々屈々、賎劣陋穢《せんれつろうわい》、英雄豪傑、佳人節帰、奇士哲人《きしてつじん》の性質志向等に至っては、毛髪もこれを感得する能わずして、ただ徒らに市井の無頼漢あるいは姦婦等を扮粧躍出して心目を奪うのみ。されば錦衣て畳の上の乞食かなの一句をして、実境より出でたる実語《じつご》ならしめ、あるいは人をして団洲死後また団洲なかるべしと思わしむるは、豈必ずしも偶然なりとせんや。今や美術の語大いに世間にもてはやされ、従って俳優をば畳の上の乞食より押し上げて美術家の一庭に列せしめたるも、蓋し他の美術家輩においては、俳優と思わるるを恥ずるのみならず、あるいはこれと伍するを屑《いさぎよ》しとせざるものあらん。

然りといえども静に今の美術家と俳優と取りて相較するに、その品位意想等においていずれか勝り、いずれか劣るの甚だ疑わしと云わざるを得ず。蓋し今の美術家たる、あるいはただに俳優と伍するを屑しとなすのみならず、あるいはただに俳優と思わるるを恥となさざるのみならず、得意揚々好んで俳優を学ぶものあり。これ洵に自家の品位、意想、地位等を知るの明ある者と云うべきも、彼ら畢生《ひっせい》団洲の弟子に随従して墓土《ぼど》に葬られんものにして、到底美術界の団洲たるを得ざる徒輩《とはい》とす。

要するに現今我が国の美術たるや、徒らに外形の粧飾《しょうしょく》に馳せて、内外の情致協和一貫せず。すなわち美の根本たるべき観念に至っては、作家も、観家も、共に捨てて省みざるもののごとし。鍍金豈永《なが》くその光彩を保つを得んや。世の作家たるもの大いに自ら警戒する所なかるべからず。

社会の事物笑うべきものもとより多し。而して慨すべきもの豈また尠少《せんしょう》なりとせんや。今や黒奴の日本に来るを見るに、皆洋帽を戴き、洋靴を穿ち、洋服を着く。且つ彼らのアフリカ本土に在りて欧人と交通するや、飲食、器具等万般の品物悉く欧洲たらんことを願い、甚だしきに至っては身を化して欧人とならんことを願い、起居動作務めて欧人の身振に模倣せり。

もしまた日本人にして北米に航し、シアトルもしくはバンクーバーに遊ばんか、必ずや洋装せる日本婦人の三々五々、相携えて逍遥するを見ん。これにおいてか、懐郷の情禁じ難く、就いて故山の事を語らんと欲し、近づいて懇懃に問うあれば、婦人左右視して言語通ぜず。怪んで諦視《ていし》すれば、宜《むべ》なるかな、これ米国の遺民インディアンの婦人なり。もしまたマダガスカルに行きてその官庁を訪うあらんか。大吏《たいり》より小吏に至るまで洋装洋飾宛如として我が国の官庁に異なる所なし。

そも模倣は、未開人通有の性情にして、東西一揆、南北一轍《いってつ》、少しく珍奇の事物を見れば、直ちにこれを模倣せんとすること、なお小児と大人の挙動を擬して欣々《きんきん》たるがごとし。想うに模倣の事たる、感覚に依りて内部に入りたるものをして、一に反応の作用に循《したが》いて、以て外部に表現せしむるなり。

されば小児のごとく脳力未だ発達せざるものに在りては、模倣実に一種の効力ありて、知徳才芸の発達を助長することすこぶる少なからざれば、もとより切に慫慂《しょうよう》すべき所たりといえども、已に長じて二十余歳に至り、なお且孜々《しし》として模倣これに務むるものあらば、その人や侏儒《しつじゅ》のごとく、俳優のごとく、幇間《ほうかん》のごとく、到底卑陋賤劣を免るる能わず。洵にこれ巧言令色の怪物、独立独行の士人として言語道断の至りなり。我れや国開きて欧米と交通せしより僅かに三十年、いわゆる世界文明後進の国土なれば、いわゆる先進文明の国たる欧米の新事物を容るるに急なるは勿論なりといえども、而も静かに二千年来の発達を稽査《けいさ》するに、風俗習慣、礼文芸術、他人と交際するにおいて敢えて甚しく恥ずるにおよばざるなり。大凡社会の事物たる、他を模倣せんよりは、自家固有の特質を発達せしむるの優れるに若かざることあり。蓋し我が国固有の風俗たる、いずくんぞ悉く抹殺すべきものならんや。

そも外国の事物を取りてこれを用いんこと敢えて非難すべきにあらずといえども、そのこれをなさんには、予め守る所なかるべからず。すなわち明らかに我を主とし、彼を客とするの本領を確定し、彼やただ取りて以て我れの発達を裨補せしむるの用に供すべきのみ。初めより我の我たる観念なく、ただ汲々《きゅうきゅう》乎《こ》として模倣これ務む、いずくんぞその可なるを知らん。

蓋し北米連邦に在りて、我が扇、傘等の需要すこぶる多く、且つ漆器類すこぶる貴重せられ、また欧洲各国に在りて、支那産出の茶、陶器等の珍重愛玩せらるるは、夙《つと》に世人の熟知する所なるが、彼らのこれを用いるや、敢えて模倣するにあらず、ただ取りて以て我が足らざるを補うに過ぎず。そも彼に取りて以て我が足らざるを補うは、毫も非難すべきにあらずといえども、頂より踵《かかと》まで、左より右まで悉く他に模倣して変換転遷《へんかんてんせん》せんと欲するは、これ自ら未開視《みかいし》するなり、野蛮視するなり。滄浪《そうろう》の水清まば以て纓《えい》を洗われ、濁らば以て足を洗わる。人まず自ら侮《あなど》りて而後、他人これを侮る。ああ何ぞ思わざる。もしそれ我が日本にして、事物の何たるを問わず、一種異様の特色を現わし、以て外を裨補《ひほ》するを得ば、これ実に宇内人類の為に打ち消すべからざる功績を挙げしなり。

もしまた我にして務めて欧米の風俗習慣、文物典章等を輸入し、衣服飲食、灑掃《さいそう》応対等に至るまで、汲々乎としてただ模倣の巧ならざるを思い、全然国を挙げて欧化すとせんか。蜻蜓洲《あきつしま》の首尾、外人の日本を見るや、日本人の日本として見るにあらずして、その見る所、ただ山の勝と水の景のみならん。而して彼らが、我が哀々たる民人《みんじん》を見ること、なお自国における凡庸なる人物、賎劣なる奴婢《どひ》と同一ならんのみ。

然らばすなわち模倣の極りや、ただ国をして劣等なる欧米とならしめ、民をして劣等なる欧米人とならしめ、以て欧米国民中の賎劣《せんれつ》なる種族を増加するに過ぎざらん。ああこれ果たして天地を育載せる造化《ぞうか》の希望なるか。

（明治二十四年五月稿）

# 日本民族の自信

国自慢が悪いとか何とか言うが、自慢は総じて悪いとし、欧米人の国自慢の随分烈しいのを打ち消すことが出来ぬ。米人は何でも世界第一を以て居ると知られて居り、それで、米人のみかと言うにそうで無く、大国小国おのおの相応に自慢がある。日本に早く『西国立志編《せいこくりっしへん》』の名で翻訳された書の著者スマイルスのごとき、何かにつけて英人の優ることを説いて居る。英人の自慢話としては差支無い位である。

南アのダイヤモンド王と呼ばれたセシル・ローズはアングロサグソンの優等種族なるを信じ世界の文明の為め、これをして世界に力を伸ばさしめねばならぬとて、儲けた金をその方へさし向けた。

アングロサクソンは己惚《うぬぼ》れの強い民族である。

仏人もこれに劣らず、仏人無くして世界の文明が出来上らぬとして居る。ドイツの盛んな頃、ラテン民族興復運動が起って居った。ドイツも自慢にかけて他に譲るものでなく、世界戦役の起ったのも自慢の角突合いたるを免《まぬ》がれぬ。ベルギーやオランダやスイスや、おのおの自慢があり、バルカン諸国さえ、漫《みだ》りに屈しようとせぬ。

これに比べて日本は国自慢と言えるか何うか。

支那は国自慢の甚だしいものとなって居ったが、外国を知らぬ間のことであり、昔の夷狄は実際に劣り、外国はそういうもののように心得、中華に及ぶ者無いとしたが、外国の事情を知るに伴い、何でも他の力を藉《か》ろうとする。以前でも、政府で国内民衆に対って、中国と夷狄とを分ちて、夷狄を卑しめつつ、夷狄に向ってしばしば頭を下げて居る。

漢代でも、匈奴に大の字をつけ、匈奴の方で漢に大の字をつけず、明らかに優劣を分ったことがある。宋代では、遼にも金にも元にも頭を下げ、出来るだけ遜《へりくだ》り、民衆に向ってのみ尊大の語気を使って居る。

支那が尊大というのは、官吏が尊大なのであって、自国の力を頼んでの事と思われぬ。外国の力のおよばぬ間、これを侮っても、その力の強いのを知ると共にこれに依頼するに傾く。

日本は幾らか支那の思想を伝え、これに感染《かぶ》れた所あれど、これと趣を異にし、一様に言うことは出来ぬ。蒙古の使を斬った時、一時、威を示しただけで無く、真にこれと戦うの覚悟を極めて居る。徒らに神風を願ったので無く、何処までも戦おうとし、頻《しき》りに軍備を整えた。近頃博多附近に、見出された海岸の石垣でも、可成りに大袈裟である。蒙古軍が容易に上陸し得なかったのも故無しとせぬ。

豊臣秀吉が明を攻めようとしたのもただ空想で無く、何処までも実行しようとしたのである。計画が齟齬したけれど、単に大言壮語するのと違って居る。旧幕の末、憂国の士が出て、尊王攘夷で騒いだりしたが、当人自らは何うあるにせよ、決して空騒ぎに終らず、当時期待した事が後にほぼ実現し、期待した以上に出でたのもある。

明治六年、征韓論が破裂し、民選議院論で騒ぎが起り、心ある人が随分心配したのであるが、その当時最も突飛な議論とした所のものが、後《のち》に行われ、なおその以上に進んで居る。双方躍起になって議論した所は、後より顧て目先きの見えなんだものとなる。

維新以来約半世紀間、長足の進歩を遂げたと言うのは、あながち誇張の言とせぬ。米国やドイツや、これ以上と言うか、それは、それとして以前に人が考えたよりも進歩発達を遂げて居る。この進歩発達は、事実上、左程称するに足らぬものか何《ど》うか。或いはこれで己惚《うぬぼ》れるなど誤りも甚だしいと言うが、己惚れるのは善くなく、これを認めぬのも善くない。全くこれを認めぬものも無いでは無い。頭からこれを貶し、あるいは嘲笑ったりする。

而《しか》してその言う所に依れば、日本は兵力を以て世界の仲間入りしたが、その外に何物があるかと言う。斯く簡単に物事を考えるようでは困った次第である。兵力で仲間入りしたのは結果の一部が知られただけのこと、兵力の伸びたのは国力の伸びたのに由来する。明治五年、井上大蔵大輔、渋沢小輔が財政を投げ出し、大隈がこれを引受けた頃から、財政が約二十倍に上って居る。

さまざまの事情に依るが、そのさまざまの事情は一々何等かの進歩を示して居る。兵力の外に何があるかと言うのは、自ら基の他を知らぬことを自白するに止る。注意すればほとんど各方面に見るべき事がある。何の点において、日本人が必ず欧米人におよばぬと断言するを得るか。

ただ人の能力は使用して発達し、使用するのは或る刺戟を受けての事である。日本が他国より離れて、刺戟を受けることの少ないのは、能力を充分に伸すに至らぬ嫌いがある。もし日本が大西洋に国して居れば、刺決して今日の状態で無く、困難も増すと共に他に劣らぬ進歩発達を遂げて居ろう。太平洋に隔絶されて居って、なおこれだけ進歩の遂げ得れば、欧米人と接触して何等劣るべきわけが無い筈である。

今は日本が多少八方塞りの形になって居り、内外の困難の迫るを覚えるが、これ概ね自ら求めたものでこれを突破しさえすれば、更に進歩発達するに極って居る。

欧米に劣るのは未だ機会が少なく、彼ほど練習の積まぬ所にかかる。一見して劣等を感じ、とてもおよばぬとする体力さえ、落胆すべきことが無い。オリンピックに負けたとて、日本で学生に限るが為めであり、何処からでも人が飛び出すというようになれば、必ず勝を得るものがあろう。露国と戦うの前、我が兵卒は彼の兵卒より弱いとしたが、実戦において弱くなかった。

日本人に忍耐力が足らぬというようなことも、そう思うだけで、少しも証明して居らぬ。独創力が足らぬというが、これも証明しての事で無い。刺戟の少なくして、なお何程か欧米人の試みぬところを試み、成績を挙げて居り、刺戟が多くなれば少しも劣らない。

欧米人に独創力があるとして、真に何の発見、発明があるか。悉く以前より伝わった所に、少しの改善を加えるのみでないか。ニュートンやダーウィンや、独創でも何でも無い。独創とせば、前代の研究に幾分かの研究を加えたに過ぎぬ。

幾代も科学の歴史を持って居ってなおそうである。半世紀そこらの俄か学問で、どれ程の研究が出来るであろうか。それにしても、兵力で仲間入りした位に仲間入りして居る。ただ世俗の耳に響かぬだけである。

遺憾に感ずべきは、国が懸け隔れて居り、刺戟を受けることが少なく、能力ある人々も充分にこれを伸ばさず、中途で止めて終ようとする。老朽若朽の多いと思われるのもそうである。刺戟が少いが為め、可《よ》いころに日を送るようになる。交通機関が整い、刺戟が多くなり、刺戟が強くなれば、斯かる状態に止って居らぬ。刺激次第能力を伸ばせば必ず見るべきものがある。

それにしても、日本において、欧米の情勢を察し、未だ直接に刺戟を受けず、これを受けたと同様に感じ、彼に劣らぬように努めたならば、日本の文化を進めるのみでなく、世界の文化を高めるに与る。欧米で如何なる状態であるかに注意を払うが肝要である。

従来国自慢と言い、他国に例の無いものを挙げようとする。万世一系の皇統とか、富士山とか、瀬戸内海とかを挙げようとする。欧米でもこの類の国自慢が無いではない。然し、アングロサクソンの誇る所は、他の民族よりも独立心があるとか、気力があるとか、勤勉であるとか、スイートホームを造るに長じて居るとかを以てする。何処にでもあるべきものでそれが無いか少なければ、それだけ国力の劣る割合である。

日本民族は、他国にないものを誇るよりも、他国と同じく能力の上で劣らず、優に拮抗して余りあるとの自信を具えるようにすべきである。彼らが勤勉ならば我も勤勉にし、彼らが忍耐するならば我も忍耐し、彼らが突進すれば我も突進し、能力において充分の自信なくてならぬ。

力無くて力あると思うのは間違って居るが、力あって力無いようにするの過りを避けねはならぬ。

# 日本民族性と文化

## 日本民族性の概観

日本民族は何種族より成るか。大陸および南洋諸島等より来住すべき経路よりほぼこれを推測し得るけれども、何の比例においてこれをなすかは明らかにし難い。従って文化生活の依ってきたる所もまた詳かでなく確め難い。

大陸の或る部分において、若干その相似たる気分を見るけれども、かれとこれとは同一視する訳には行かない。一般に、東洋は欧米に比して、より自然を尊重すると言われておるが、果たして自然を尊重するのか、自己の発達が遅いのか、急に決定することは許され難い。

然し、日本が、生活を出来るだけ簡単にする傾向を持っている事は是認出来る、こみ入った面倒の事を好まず、執拗に凝り固まらず、大抵に決めて、そのままあっさりと過ごそうとするのは日本の特徴である。然るにもし、他から、力を以って迫られるか、あるいは何か、より優れたものを見せつけられるかすれば、必ずこれに対抗し、または彼と同等以上になろうとする負け嫌いの根性が日本にはある。他と関係の無い間は、何事も簡単にし、煩わしい事は一切これを避けるけれども、他と関係を生ずると、必ず他に負けぬだけに複雑なことを敢えてする。

## 簡易に落着く傾向

この煩累《はんるい》を避ける一方、また負けず嫌であるという特性は、日本人の活動のほとんど何れの方面にも現われておる。政治上では皇統連綿を疑懼する処無く、これを変えようと思い立つ者は無いが、一度び権力争奪の起るや、何とかして権力を握ろうとし、烈しく運動することを嫌わぬ。而して自ら政府を形成しても、皇統には依然尊敬を払い、これを上に戴くにおいては変りが無い。競争が劇しくこれを忘れるように命じても、ようやく事が治まると共に、前に重んじ来った処を重んずるの念を決して失わない。この形は神社仏閣に対する関係の中にも見出される。

日本が神社を建築するその構成は極めて簡単である。建築物よりも、森林に重きを置いておる。（いわゆる鎮守の森としてそれは知られておるのであるが、）これは神霊に対し、人工よりも自然を適当とするからである。然るに一朝、大陸から仏教が渡来し、壮厳な建築法が伝わって以来、力の及ぶ限り、壮厳なものを作ろうとした。大陸に型が無ければそれまでのこと、しかし型があると知ればこれを採用し、原型に劣らないものを造ろうと努力する。かくして多くの仏閣は設けられたが、やがては大陸に優るとも劣らぬに至った。

そこで神社は何うするかと言うに。矢張りそのままにして置き、森林の間に依然尊さを保たしめておる昔からのものに伊勢の大神宮があり、大正年間には東京に明治神宮が建造された。既に支那インドの建築法以外に欧米の建築法が伝われるに拘わらず、その何れもが、なお古代の簡単な式に依ろうとするそこに、日本の根強い特性が現われておる。

## 日本人の衣服と食物

衣服に就いて見るに、この方でも、他国に行われる処を見なければ、特別に自ら好くしようとはしない。面倒を忍んで改めるよりも、従来のままにして置こうとする。然るに他国に行われる処を見、自らこれに劣ると感ずれば、劣らなくなるまで改めて行く。支那の服装もあれば、インドの服装もあり、欧米と交際しだしてからは、欧米の服装も行われるという有様である。

それであって、夏日浴衣がけになるばかりで無く、寒い頃でも、袖の開いた着物を着たりする。面倒な事を或る必要の為めに敢えてし、その必要の無い処で、簡単なものを求めるのである。

食物でも、他国で好い料理法とする処のものは悉く容れておる。昔、大陸で行われた処を採用し、金山寺《きんざんじ》味噌《みそ》は、今では普通に行われるに至っておる。更に支那料理とか西洋料理とか、随分行われて居る。その好いのになれば余り本場に劣らぬまでになって居る。

それでは一般に食事は何うするかと言う段になると、刺身とか、焼魚とかすこぶる簡単である。

## 文化に現われた民族性

有史以来、八雲立つの歌を始め、仮名和文の文学があり、代々和歌または和文に重きを置いて居る。和歌は三十一字で、すこぶる簡単である。ところが大陸の文学に接するようになって来ると、これに劣るまいとして、相当の位置ある者は一心にこれを勉強し、ほとんど大陸のそれの最高度にまで達しようとして居る。

徳川時代、世が泰平になると共に、大陸と平均しようとし、往々これに勝る者が輩出した。しかし大陸に劣るまいというのが主であって、それ以上越そうとは努めず、そう云う面倒を忍ぶ事はこれを欲しなかった。大陸にそういう事があるならば、それ位の事をせねばならぬと言うので発奮し、よくこれに企て及ぶけれども、企て及べば、そこで止まり、簡単な所に、趣味を覚える。

如何ほど漢詩漢文が広く行われても矢張り和歌が廃らず、更に簡単になって十七字の俳句が広まるに至った。

支那では随分と長い詩を作る者があるが、日本では長いものを敢えてするのは少なく、絶句が最も広く行われた。幕末に、世界に活動した志士連は、そう言った当時の普通文学を代表した形がある。志士は皆一通り詩歌を作ることになっていた。全く詩歌の出来ない者はほとんど無かった。

それが簡単な詩歌のみかと言うに、漢学の方は次第に複雑となり、考証学も起り、藩史小説なども広まり来った。演劇に対してもその影響は現われた。歌舞伎となって、それはすこぶる複雑なものを見せた。しかし前から存続する能楽は、この間にもなお依然行われた。行われたばかりで無く、更に古風なさいばらがほの咲いて居る。が難かしいのは一局部に限り、朗読体の謡曲に至っては浄瑠璃と相対しすこぶる広く行われておる。

## 日本と支那の自然尊重の差

かく見来れば、総じて簡単を好みつつ、他に複雑なのを行われるを見、徒らに傍観せず、それ位の事は出来るぞとして行うに努め、他に行われる程度にまで達すると、それ以上に出ようとして苦心努力せず、そういう面倒な事をなすにおよばぬとて、簡単な処で安んずるに傾くのが日本である。

東洋は、欧米よりも自然を重んずるか知らないが、支那では老荘流の自然を熱望し、憧憬する傾がある。得べくんば霞を食い、仙人になろうとする。日本では自然と親しみ、これを愛するの趣がある。梅花を見ても、支那ではその性を是とし、及ぶべからざるがごときを考うる。日本では「私は鶯、主は梅」と言い、すこぶる平易で、親しむべきを覚える。等しく自然を重んじてもそこにはっきりした別がある。

東洋で自然を重んずるのは、人工の発達せぬのに伴うとされておるが、しかし支那では人工的事業の優れたるを見、必ずしもこれに追いつこうとはしないが、余儀なくせられると、奇体な事として好いてゆく。日本では、簡単を好みながら、人工的事業の優れたるを見、何とかしてこれに追付かねば止まない傾向がある。けれども欧米人ほど執着はせず、大抵に他と平均すればそのままになし、その先はただ面倒とする。芭蕉の「古池や」の句が広く伝わり、名句として感嘆されるのは、名句たるよりも、多数の趣味を抱持しているからである。多数がこれに共鳴するからである。何処かに斯かる趣味が潜み、折を得て伸びようとする。ただ古池のみを見て過さず、他に異なる現像が起るならば負けて居らず、その最も優等なのに平均しようと努める。この可能性を備えておる。

## 欧米に比して淡白

根底に簡単を好む性質があって、等しく貪っても欧米の貪る者ほどには貪らない。そこが欧米にこれして長所でありまた短所である。

総じてあっさりして居り、敵を見ては風声剣闘《ふうせいけんとう》するけれども、敵が遠ざければ、別に追わない。欧米は執固くて、執念ぶかく、敵が遠ざかっても、なおも何とか努めずには居られない。「古池や」の句に安んずる事が出来ない。

日本でも悉く同様に言う事は出来ない。随分執着力の強いのがあり、欧米でもすこぶる淡白なのがある。

ただ多数の上で斯く言う事が出来ると思われる。統計で定め得べきでなく、これを証明するは難い。ただ大体上に観察して、斯く考え得るでは無いか。

# 老荘思想と我が国民の性格

## 一

嵯峨《さが》天皇の遺詔に、

余昔不徳、久忝帝位、夙夜兢々、思済黎庶、然天下者、聖人之大宝也、豈但愚惷、微身之有哉、故以万機之務、委於賢明、一林之風、素心所愛、思欲無位無号、詣山水而逍遥、無事無為、翫琴書以澹泊……

とあるは、明らかに老荘趣味を示すものと拝察する。

当時、支那で韓退之《かんたいし》が老仏を排斥し、議論になっているようなれど、これは注意を払うたのは徳川時代に入りてのこと。その以前、儒仏と云って老を含み、儒と云うも儒老混合の状態であった。退之が広く知られなんだことは、空海が同時代に留学して、少しも消息を齎《もた》らさなんだのでも察し得られる。

空海は文才あり、能文でありながら、韓柳の影響を受けず、その改めようとする六朝以来の文体に依っている。退之を知っているならば、その仏を排斥するのを好まなんだろうが、退之はそれほど聞えず、仏骨表を奉っても、直ちに陳謝文を奉り、一般の風潮をどうすることが出来なんだらしい。漢で儒教を興した頃からして道教と混化し、何程離そうとしても離れず、混化するのを普通とした。特に唐は李氏の故を以て、老子を先祖とし、玄々《げんげん》皇帝の号を奉る程ですこぶる重きを道教に置き、老荘の趣味が広きに及んでいる。

宋になって、道学が興り、老仏と争うたが、老仏をまじえること少なくない。表面で争うけれど、議論において老仏の論法を以てし、時として老仏そつくりなことがある。儒教と道教と社会における立場を異にしつつ、人生観のごとき、要するに支那民族の思想に過ぎぬ。

また同じ遺詔の中に、

人之死也精亡形鎖、魂無不之、故気属於天、体帰于地、今生不能有尭舜之徳、死何用重国家之費……

とあるは儒老を通じての思想であり、寧ろ東アジアの思想である。儒が頻りに老仏を攻撃し、我が徳川時代に、その流れを汲んだが、支那でも、学問を好むものは、老仏を合わせ学び、少なくとも私《ひそ》かにこれを学んだ。

倫理的方面においてこれを却《しりぞ》くるとも、文学的方面において、その欠くべからざるを覚え、荘子のごとき、ほとんど何人も読むべきものとなっている。帰去来にしても、赤壁賦にしても、その思想が現われている。荘子は文学の為めに必要とし、老子はそうでないようでも、荘は老にもとづくとあり、老子の道徳教は、短かくて、一と通り目を通すに骨が折れぬ。これに関連した書物は特殊の趣味あり、経書のかたくるしいのの外、悠々自適の感想を得る所が多い。どこまでも儒教を以て立とうとしつつ、老荘関係の書を読み、またこれを読まねば話の出来ぬようなところがある。

## 二

徳川時代の儒者で、全く異端の書を却けたのがあるとし、老荘の書は読むだけは読んだ。多くは特別に却《しりぞ》けようとせぬ。支那で、老仏排斥の声が揚ったけれど、日本では道教と云うものがあるかないかがわからずに経過し来った。実に支那で漢唐の儒は老を兼ね、我王朝時代はその兼ねたものを儒教とするの状態であった。加うるに、仏教の我が国に入ることすこぶる盛んであって、支那で新なる派が出る毎に、これを取り入れようとし、留学生が次から次へと新説を持って帰った。

仏教は上下均しく奉ずべきものと定まり、これに疑いを容れようとせず、これを疑うては何等かの制裁を蒙るを免がれぬ仏教に力を籠め、頻りにこれを研究するのがあり、老荘は注意を免かれた。読むべき書物として、読む位のこと、これから人生観を得ようとするに思い到らず、聖人の学の名においてこれと合すべきものになっている。

王朝時代の聖人は、儒教道教を通していい、云わば支那の学とインドの学と相対し、支那で儒と道と相争うがごときことを考えぬ。これを考うるの興味を持たぬ。徳川時代でも、仏教を排斥するのがあって、道教を排斥しようとするのがない。実は道教の存在を認めず、これに対し如何にすべきかを思わぬ。そこに支那と異ったところがある。

どこでも、他から思想の入り込むのは、全く縁のないところにおいてせず、必ずこれを受け容れるだけの素養ある為めであって、同じく輸入しても、国情の如何にて差異を生ずる。

支那では道教と仙人と離るべからざる関係になっているが、日本では仙人を求める嗜好が比較的薄い。仙人として知られているのが甚だ少ない。老荘の書を読んでも、仙人と離している。それだけ支那の老荘に対すると違っている。老荘は支那の産物であり、支那人の方がその思想を消化し、同化し得る訳であるが、日本ではこれと違い、多少日本化するところがある。相応に老荘の書を読み、列子を議んだりするけれども、韓退之がこれを排斥するの必要を感じたごとき事柄がない。日本で虚無恬淡を理解せぬでなけれど、それで特別に何程の影響がない。

## 三

頼山陽《らいさんよう》は気節を尚びながら、頻りに荘子を講じた。これを講じつつある時、父の喪を聴いたので、以後これを廃したと伝える。支那でも、蘇東坡《そとうば》は気節を重んじつつ、荘子を好んで読んで居り、また仏教をも好み、世間を超越するようなところがある。

山陽は世間を超越しようとせぬ。他にも荘子を読むものが多く、画でもこれを面白がり、愉快がりながら、日常の行為において何程の違いがない。真に思想を吸収するよりも、その規矩《きく》準縄《じゅんじょう》に拘泥《こうでい》せぬ自由自在の言いまわしを面白がったりする。

華胥《かしょ》の夢に無政府主義を有し、無何有郷《むゆうきょう》と云うもこれと同じであるが、これに就いて興味を催しつつ、これにならおうともせず、さりとて怪しみもせぬ。面白いこととして、日常茶飯事にも用ゆるに及ぶ。書生が昼寝する時、華胥に遊んで来ると云うようなことになって居った。云わば無政府国に遊んで来ると云うのであって、角を立てて聞けば穏やかでないが、言うものは何とも思わず、聴くものもまた何とも思わなんだ。

斯かることで、思想が働くものとは思わなんだ。

旧幕の末、尊王攘夷で奔走した連中に、幕府の正学と称する朱子学を好まぬのが少なくなかった。陽明学に傾くのがあり、身を僧籍に置いたのがある。陽明は純粋の儒と称するけれど、老仏の汎神教的のところがある。志士が朱子学を好まぬのは、幾らか反抗的精神に伴おうが、それで、尊王論において変らぬ。明治になって、真宗僧侶島地黙雷《しまじもくらい》が荘子を講じたことがある。而して自ら阿弥陀を拝んで止まなんだ。

老荘趣味を帯ぶるとせば、多少洒脱な気分ある所があり、その思想を研究するに力を用いるのが甚だ少なかった。支那では、老荘の思想を日常生活に現わし、あるいは道子となって特殊の服を着たりする。日本ではこの類のことがない。思想において、仏教に蔽われ、主として文学的方面に用いられたとする。

従来の習慣であきらめの早いところがある。悠々自適を急としても、仙人になろうと考えず、拘束の甚しきに過ぐれば、これを突破するか、自ら消滅するか、何れかを選ぶべしとする。日本には何程か大塩平八郎のごとき分子がある。相当に哲理を好み、世の齷齪《あくせく》たるところを超脱するようで、奮激すると共に、殊更《ことさら》に渦巻の中に身を投げる。そこに特殊のあきらめがある。

昔しから、考荘に興味を覚えても、この辺で支那と違うのが日本の特徴である。

（大正八年四月稿）

# 大陸人よ大量なれ

日本にて島国根性といい、自ら器局の小なるを罵るは、何の意義においてするや。旧幕時代、島国を以て世界とし、その他と交通せず、眼界《がんかい》の甚だ狭かりしを責め、その余習の残るを憾《うら》むといえば当《あた》るべく、島国人なるが故に器局小なるを想い大陸を羨み、これに倣わんとするに至り、甚だしく誤れるを断定せざるべからず。島国人は何故に器局小なるか。環らすに渺茫涯《びょうぼうかぎ》り無きの海洋を以てする方、規模を広人にし、濶大《かつだい》にし、雄大にせざるや。英国が世界政策に長ずるは島国たるを以てならずや。英国人は島国根性の最も顕著なる者にして、島国根性を誇るべきにあらずや。

英人が欧大陸より観て田舎漢に属し、外交らしき外交が通ぜずとせられし時代あり。ナポレオン一世の時代は勿論、これを前にしてルイ十四世、これを後にしてナポレオン三世の時代は、パリを以て欧洲文明の檜舞台とし、英人の為す所のごとき、緞帳《どんちょう》のやや上等なるものと心得たり。後に中心がベルリンに移り、間々ペトログラードに移るかに見えたるが、世界政策において何国が最も成功せるや。大陸が七年戦役にて争いし時、英国はこれに関係しつつ、広く世界に力を伸ばし、太陽の没せざる領土を占むるに及ぶ。大陸人が檜舞台に飛躍しつつありと考えたる時は実は蝸牛角上《こうぎゅうかくじょう》に争いたるなり。

あながち民族の性質よりせず、地勢の已むを得ざる所なるも七年戦役は姑《しば》らく措き、仏国とドイツと互いに不倶戴天の仇とし、相い争えるがごとき、畢竟何の得る所ありや。仏が勝ちたりとて、独が勝ちたりとて、優勝旗が一方より一方に移るのみにて、欧大陸の発展に何の影響なく、相い争うの極、最近世界戦役のごとく、双方共に疲弊し、隣国もまた疲弊し、何時回復するやの測り知るべからず。欧大陸列国が何故に相い争うかといえば、各自の利権を拡張せんとするのみ。各自の利権を拡張せんとし、互いに相い争い、而して大陸全体の疲弊を来たすを免れず。もし彼らにして協同一致し、大陸全体の発展の為に努力せば、その文明文化は決して現状に止まらず。

アジア大陸は欧大陸と同様に言い難く、日本も英国と異なれど、支那四億の民、インド三億の民おのおの一大陸と見做すに足り、而してその有力者の計画し、実行する所、一時の愛憎を以てし、全体としての発展に益なきのみならず、かえって害あるを何と観るべきや。地広く、人多く、その比例にて発展の計画を大いにし、久しくして徴あるを期せば、支那は現状のごとくならず、インドも現状のごとくならず、現状の文明が徒らに過去に属せず、現に生気潑溂たるべきにあらずや。

インドは支那よりも民族雑駁《ざつばく》にして、統一の困難なりしが、その権力関係者の為す所の小規模なること、寧ろ驚くべし。外国人の渡来するを見、一時威力を衒《てら》わんとし、一時利益を貪《むさぼ》らんとし、一時復讐を敢えてせんとし、一時妥協を試みんとし、一時的に折衝し、将来の運命を考えず、遂に三億の民が二十万の英人の為めに支配せらるるを見るに至る。三間四方の室に英人百四十六人を押し込め、翌日生存する者二十三人というがごとき、愚挙も甚だしく、今なお英人が遺跡を保存し、責のインドに在りて己れに在らざりしを明らかにす。インドの権力関係者が眼前の快を求め、眼前《がんぜん》の勢に拘りしこと、実にインドの進歩を害し、その発展を妨げ、外国人の手にて富源を開発するの余儀なきに至れる所以《ゆえん》なり。

支那はインドよりも地広く、人多く、而して権力関係者が一時の愛憎に駆られ、将来の大計を忽せにすること不思議なる位なり。古来比較的規模の雄大を以て称すべきは元世祖、次いで清聖祖にして、漢高祖のごとき、唐太宗のごとき、己れの一身一家の外、ほとんど何の慮《おもんぱか》る所なく、その傘下に集まれる豪傑連も、おのおの自らの利得を考うるのみ。中華の文明を発揚し、世界人類の為にせんことを企《くわだ》つるは、かつてこれ無し。未だ他国と交通し易からず、世界の為めに計り得ざりしとし、近年交通の便利を加え、四海一家のごとくたれる時、なお蝸牛角上《こうぎゅうかくじょう》に争い、中華の発展を忘るる観あるは何ぞ。

李鴻章《りこうしょう》はグラント将軍が世界四大人物の随一と称し、日本にても大国に大人物あるを羨みしが、琉球を争い、台湾を争い、朝鮮を争い、遂に日本と開戦するに至り、その識見の案外に狭く限らるるを惜まざるを得ざりき。

もし欧米文明の利器を使用し、国内の富源を開発し、以て国力を増進せば、区々たる辺隅のごとき、何かあるべき。彼は己れ自らの富貴を計るに巧みにして、大領土の無尽蔵を開発し、政府の為め、国民の為めにすべきを考えず、また全くこれを念頭に置かざりしがごとし。彼にして真に大人物ならば、琉球の事、台湾の事、蚤の喰う程にも感ぜざりしならん。

李は副島蒼海《そえじまそうかい》と語り、地広く、人多く、而して国運の振わざるを歎ぜり。蒼海曰く、

「公嚢に髪賊を討平《とうへい》し、今日国運の振わざるを歎ずるは何ぞ。彼の時こそ国家一新の好機会ならざりしや」と。

李は憮然《ぶぜん》答うる所なかりき。李は一代の人物なるも周囲の事情に余儀なくされ、習い性と為りたる所あるべく、ただ後の権力関係者が李に似て小なるを如何にすべきや。大局を察せず、小事を争い、一時の巧を誇り、一時の名を求むると見ゆ。或る点にて雄大と称すべきがごとく、これに関連して小事に拘泥し、瑣事《さじ》に齷齪《あくせく》し、如何にして斯くも矛盾するやの怪しむべきを覚ゆ。

支那人の想像豊富なること、荘子または西遊記を以て察すべきが、インドの三十三天を考うるがごとくならざるは想像の足らざるか。あるいは空想に耽《ふけ》らざるに由るか。近年世間が空想視して明らかに事実化せるは、孫文氏の共和政治説にして、不充分ながら数千年来の帝制が共和制に変ぜり。孫に就いて何の批判あるにせよ、その先見を称せざるべからず。されど共和制を外にし、中華民国に就いて何の思慮する所あるか。もし更に進んで富源を開発し、国力を増進し、文明文化を培養し、世界人類に裨益《ひえき》するを計らば、実行困難なりとも、計画の雄大を称すべきが、今日まで然るを見るに至らず。空想家として知らるる孫氏にして然れば、空想家ならざる人々が大計を考えざること推して察すべし。

革命以来、高官しばしば更迭し、徐ろに将来の事を考うるの遑《いとま》なからんも、眼前の利権を求むるの外何の思慮する所なきがごとく、ヴェルサイユに、ワシントンに、専ら日本と争い、近頃日本に二十一箇条廃棄を通告し、日本政府が応ぜずとて非買同盟を奨拗するなど、全く大局を忘れたるの嫌いなきを得ず。日本が優越権らしきものを示すに不快を感ずべく、日本にても戒むべき所あれど、支那にて富源を開発しさえせば、日本の為す所のごとき、歯牙《しが》に掛くるに足らず。広大なる領土を以て区々たる辺境の末利を争うは、すなわち宝の山を所有しながら、絶えず債鬼に遂わるる所以にして、一たび大局を考えんか、自ら為しつつある所の余りに小なるを恥ずべし。

鉄道を敷設《ふせつ》し、無尽蔵の石炭を採掘しても、工業の大動力を得れど、崑崙山あり、黄河あり、揚子江あり、適宜の場所に発電所を設くれば、四百余州に大動力を供給するに堪う。インドに接続するの鉄道を敷設するのみにて、アジアの形勢を一変すべし。ヒマラヤを大アルプスとし、西蔵を大スイスとし、インドを大イタリアとし、アジア大陸の経営に従事せは、日本人が山東に入るとて、満洲に移住するとて、何等痛痒《つうよう》を感ぜざるべき筈なり。日本が大陸に為す所、概ね利の損を償うに足らず、将来利ありとし、要するに知るべきのみ。日本も支那と約し、アジア経営の一部を担任するを望む。

富源を開発せんとするも、資金なくして奈何ともし難く、資金を得るには国内の統一を要し、四国借款もこれを条件とする程にて、その統一を全くするが為め、権力競争の避くべくも無く、その競争に勝利を得るが為め、排日を以て人目を惹かざるべからずと言うが、統一せざるは競争者が各自の利権を先にし、目的において一致せざるに出で、もし富源を開発し、国力を増進し、世界の文明を助長せんとせば、現に争う所の児戯にも劣るを見ん。

斯かる事は言うべくして行うべからずとするは、眼孔豆《がんこうまめ》のごとく小なるを以てなり。各自己むを得ざる事情あり、容易に妥協せざる所に気力あり、意気あり、希望あるに似たれど、中華の為めに計らず、自らの為めに計るにおいては、地広く人多きも関係する所已れ一人のみ。狭きに居るよりも、広きに居る方、已れの利益を増加し得るというはこれ有り。眼界を拡張し、規模を雄大にするというは疑わし。幾億の同胞あるも、已れ一人を主にせば深山《しんざん》に孤立すると同じ。

何処にても已れの為めにし、英国人はその最も甚だしき者とせんが、結果において規模のすこぶる雄大なるを認むべし。クライヴや、ヘスチングスや、インドに活躍せしは、已れの功名の為めなるも後より顧みれば、彼らの為めよりは英国の為めに利益あり。且つインドの為めに利益ありたり。徒らに他国を侵略するは、横暴として責むべけれど、彼の当時におけるインドは悪政に悩み、誅求に苦み、寧ろ英人の下に安寧秩序を得たる形あり。自治に堪うれば自治にするの当然なりとしインド旧政府のままにて続き来らんか、到底現状のごときを得ざらん。鉄道網の敷設は、鎮圧策および対露策を主にせるも、インドの富源を開発せること多し。

セシル・ローズが南アに在りて金剛石《ダイヤ》王と為るや、意のごとく富むを得たれど、彼は生涯独身にして家を成さず、得る所の利益を挙げてアングロサクソン発展の為めに費せり。斯かるは珍しき例にして、多数の英人を律し難きも、彼のごとき者の輩出せるは、一般に強欲なると否とを問わず、大局に着眼するの趨勢に伴うとすべし。大陸にも比類の人物あれど、蝸牛角上に争うと認むべき者の多きを打ち消すべからず。

日本にて政府および議会の為す所、国粋会と水平社との争う所、島国根性の例証とするが、大陸において島国根性と異なる気風を見るかというに、見るべくして見ざる事、寧ろ奇とすべし。もし大陸風なる者あらば、如何たるを指すや。日出でて作し、日入りて息《いと》うというがごときを指すとせば、解《かい》すべし。

大局を達観し、小事に拘泥《こうでい》せすとせば、全く解すべからず。大陸における権力関係者または民間策士の為す所は、島国内の群小割拠よりも、更に眼界の狭きを認むることあり。本来海は陸より広く、島国的気風が大陸的気風よりも雄大なりや。また大陸に気風の雄大なるべくして、策士の策の小なりや。いずれにても大陸に大陸らしき度量の人なきを憾《うら》む。果たして度量の小なりや。あるいは未だ大量なる大器の現わるる時機に達せざるや。

# 国粋と国臭

国粋の語は国粋保存と並出で、国粋保存は初めて唱えられてから三箇月にして国粋顕彰と改めたが、世間では前通りに国粋保存と云い習わし来って居る。国粋保存に最も害のあるものは国臭保存である。世には国粋保存の名を借りてその実国臭保存を専として居る者が珍らしくなく、あたかも悪貨が良貨を駆逐するの状態に似て居る。

何処《いずこ》の国でも、一国として善い事もあり、また悪い所もあり。その善い事はやがて他国の参考ともなり、世界の文化に功献することにもなる。処変れば品変わると云い、品が変ったただけでも多少の参考にはなる。日蝕の観測の為めに遠方へ出掛けるのは、所が離れれば幾分か角度を異にするから、それで観測の便宜を得らるるのである。如何なる事でも変った事があれば他の参考になる。殊にそれが相応の進歩をなして居るものであるならば他を益するところが尠《すく》なくはない。

数千年前のエジプトの絵画彫刻が、今なお参考とせられ、その趣味も常に取り入れられて居る。日本の北斎、広重、歌麿、豊国等の画《え》が、仏国およびその他の国々で参考とせられ、種々の方面にその影響の顕われておるのも決して偶然ではない。絵画彫刻のごときは、目に見て直ちに分かるものであるから、比較的早く参考とせられるが、その他のものでも一般に道理が同じである。

日本は古来アジア大陸の国々に学んだ所が多いけれども、ある点においてはかえってこれらに優るほどの結果を挙げて居る。例えば日本の刀剣のごとき、他に邁れて居ると云う事実が能く知られて居る。今日でも水鉛《みずなまり》が加わって居るとか居ないとか云う議論がある。弓の持ち方でも、我が国では中央より下部を握るが、これは他の考えおよばないところに属する。あるいは日本人の身長が低いため、こうなったとも云われるが、何れにしても、中央より下部を握るがために力がよほど強くなる訳である。儒教にしても考証の学こそ支那におよばないが、学問を体現する上で支那にて指を屈すべき者がある。伊藤仁斎ほどなのは支那にも容易に見出す事が出来ない。

かつては支那の一部分として知られた日本国がともかくも世界五大国の一、あるいは三大国の一に数えらるるに至ったことは、如何に割引して考えてもそこに相当の素養があっての事と云わなければならない。或る一部の人の嘲るような怪しむべきものでは決してない。そして何が日本の国粋であるかと云うならば、日本そのものが已に国粋を表象して居ると云うべきであり、いかにこれを取り除けようとしても出来ない。日本の国運の発展は実に国家全体としての国粋の顕彰である。

ところで国粋と云うことがいささか耳障りに聞えるのは国臭保存を念とするあるに因る。これは改むべきを改めまいと努めるが為めではないか。旧幕時代の事物で改むべきものが多く、これを改むるの必要があって明治維新が出来上った。改むる必要がなければ何もそう云う騒ぎをするにはおよばない。明治維新は明治元年だけの事柄ではなく、その後も引き続いて発展し来りまた発展しようとするのである。

然るに官吏輩《かんりはい》にはとかく旧幕時代の御役人風に振舞おうとする者があって、何かにつけてあと戻りをしようとする傾きがある。また実業家にも旧幕時代の長者気取りになって、芝居の大尽のような事をやって見たい手合いもあって、改むべきを改むるに反対する。そして「御上の御無理御尤」とか「長い物にまかれる」とか云う事を、動かすべからざる格言のごとくに心得て居る。であるので何処へ行っても随分ふしだらな事が満ち満ちて、疑獄事件が絶えず跡から跡と涌いて来る。日本においても官吏や実業家等が今少しく品よくなりそうな筈であって、却々そう云う風に行かない。いわゆる免がれて耻ずるなきの状態となって居る。

宗教界も教育界も同様に、旧幕時代の悪習がなお未だにそのままに存して居るものがある。徒らに師弟の関係を喧ましく云い立てて、事実において何程の効果あるかを問わない。そして教師等は何にかして先生顔《せんせいがお》して居りたい事のみに苦心する。貴族院でも口癖せに風教頽廃《ふうきょうたいはい》と云う事を云うが、何に比べて頽廃したとするのであるか、理想を描いてこれに対比するならば、それは甚しく劣ったもので、ほとんど話にもならぬ程であるが、これを過去に比べて果たして頽廃したと云えるかどうか。

旧幕時代の役人や商人等は甚だだらしなきものであって、袖《そで》の下と云う事がほとんど普通の事に属して居った。高師直《こうのもろなお》や鷺坂伴内《さぎさかばんない》やその例を探せばいくらでもある。明治に入ってからでも、高位高官を笠に被て勝手気ままな事をした者が沢山にある。もし疑獄事件を起せばいつでも起こし得たのであるが、裁判官が顕官《けんかん》の召使いであったが為め、事なきを得たのである。

今の官吏では官職を利用する事をよいとは思わぬが、先任者《せんにんしゃ》の為したところのようにすれば儲けのあるに極《きわ》まって居り、みすみすこれを取逃《とり》がすも気が利かぬと云う風に考え、あるいは血に染まって赤くなり、悪いとも考えず、あたりまえの事として大それた事を敢えてするに及ぶ。それで法律に触れた者は災難、免れたものは己れはそんな下手な事をする連中と物が違うと構え込み、大きな顔をして通って行く。富豪の眼から見れば大臣でも金の無心に来る。金にかけては弱い者と考え、法律でもどうとかして呉《く》れると信じて居る旧幕時代の腐敗そのままであって、ややもすればそれよりも甚しくなろうとする虞《おそ》れがある。

それでこの状態に満足出来ず、何にかして改革を加えようとする声を聞くと、彼らは不安を感じ、国体を弁えずして宜しからず外来思想にかぶれて甚だ悪いと称する。彼らはいかに国体を解するのであるか。唯々官敬を利用し私利を計るの余地あるを望んで居るではないか。意識して望んで居らぬとしてもこれを望むと同様の事をなして居るではないか。

「嘘は日本の宝」と云う諺は最も忌むべきものであり、宝でないに極まって居るが、最も責任ある位置に居る者が、虚言を吐いて平気であり、あたりまえの事として居るのは、実に「宝」と心得て居るのではなかろうか。高い位置に居って、虚言を吐いてしらばくれて居る有様は、寧ろ驚くべき状態である。曩きには断じてその事なしと明言したものが、いよいよ起訴の場合となって全く前言を忘れた調子になる。

以前には「臭い物に蓋」をして通り過ぎ得たのであり、今も通り過ぎるのが幾らもあり。通り過ぎ得るので平気になって居り、旧幕そっくりの形がある。

権力階級者、資本階級者がこの状態であるに係《かか》わらず、日本の国力がますます発展して、世界に地歩を占むるに至ったのは、実に多数民衆の向上に基くのである。事実何れの学校でも入学志望者が増し、小学も欠乏し中学も大学もまた欠乏し、昇格運動の盛んに起るのは、実に民衆の向上を示す一端とする。半世紀の間に人口がほとんど倍加したごとく、国力の増進を為した所以は、実に民衆自らの力であり、少数なる貴族富豪の与《あず》かった所ではない。

日本民族が世界の文明に与かるのも、そこにある。もし権力または資本の関係で高い位地を占めた者がかくのごとく、国臭保存に努めなかったならば日本はどれ程まで発展をなし得たか計り知るべからざるものがある。彼らが国臭保存に努めつつあるは、国粋に禍いする事最も甚しいのであって、およそ似て非なるものにして、国粋と国臭とのごとく著しいものはない。

（大正七年七月稿）

# 排日熱・恐日病・頼日心

排日熱の高まり始めしは、明治二十七八年役よりし。すなわちドイツ皇帝ウィルヘルム二世が三国干渉を敢えてし、東洋勃興《ぼっこう》の諷刺画を公けにせしよりの事にて、その以前に日本を譏りし者あるも、専ら軽蔑の意においてし、その勢力を忌むがごときことは全く無かりき。日本と支那と、琉球に、台湾に、朝鮮に争い、グラント将軍の東洋漫遊の際、両国より訴うる所あり。将軍は互いに相い和合するの欧洲強国の圧迫を免がるる所以なるを説けり。

李鴻章を世界四大人物の随一とせしがごとき、その風采および応対振りを見ての事にせよ、支那帝国の広大なるに重きを置きしに出でたるべく、日本は新進国ながら、到底これと比較するに足らず、寧ろ憐《あわれ》むべく愛すべきを覚えたらん。当時東洋の問題は、日本に関せず、支那に関せり。

支那はトルコに次いで重病らしく、而してなお満清政府の勢力強く、四億の民の孜々《しし》労役する所を見れば、妄りに侮るべからず。英国売り出しの政治家ヂルクのごとき、将来の世界はアングロサクソン、スラヴおよび支那人の支配すべき所と言明せり。強国の名ある者は、支那の大国にして振わざるを嘲りつつ、他より力を加えて、ほとんど何の感応なきに呆れ、一の謎とせざるを得ず。

英国のウォルズリー元帥は曰う、「もし支那にナポレオンまたはビスマルクの出ずれば、世界の最大強国と為るべし」と。これを信ぜざる者も全く否定するに難く、あるいはその可能性あるべきを考えたり。日本がこれと開戦せし時、小国を以て大国と争うの勇気を称し、これに同情を表するの所多し。何程か戦うべきを期しつつ、勝利を得べきを想わず、精々にて互角なるべしとせり。然るに連戦連勝し、支那の敗軍の余りに脆きを聞くや、意外の感に打たるると共に、日本のその機会に乗じ、アジア大陸に先取権を得ざるべきやを憂え、これを大陸より駆逐せざるべからざるを考う。実に欧大陸の強国が新たに海外に植民地を得難く、東洋に利権を拡張すべきを望みつつありたる際の事なり。

露国が東洋に力を伸ばすに急、ドイツおよび仏国はこれに乗じて英国を抑制すべきを思い、自国の為めに計ることすこぶる露骨、延いてその疎外せる英国が、米国および日本と共にこれに当るの避くべからざるは拳匪事変《けんぴじへん》において明らかにせらる。すなわち欧大陸の強国が日本を排斥し、英米が日本を援助するの形あり。英米は欧大陸外交圏に劣勢なるに拘らず、広く世界の市上に優勢を占め、それだけ、日本に対する同情の声の聞こゆ。

日本は国力という程の国力を認められざるも、東洋の一要素たるを失わずと知られ、日本国民は如何なる者なるかと言うが問題と為れり。

一般世界は露独仏三国に対する日本に同情し、言い換えれば露独仏の東洋における発展を忌むの余り日本に好意を表するの形を呈せり。中にも露国が波羅的海より渤海に蟠踞《ばんきょ》し、インドを窺うかのごとく、英国は忌々《いまいま》しく感じつつ、畏るる所なきを得ず。さすがに多年世界政策に苦心せるだけ、日本と同盟を結ぶの得策なるを知り、いささか先手を打ち、他の意表に出ず。

露独仏はこれを見て意に介せず、寧ろ滑稽に感じたれど、その滑稽たらざるは日本が露国と開戦せるを以て証明せらる。露が如何に日本の宣戦を侮りしやは、露帝の宣戦布告を以て知るべし。従来務めて寛大にせしも、今回こそ許すべからずとの意味にして、実に全勝を期し、仏の顔も三度と言わぬばかりなり。されど露において日本を如何ともし難く、幾許か退譲《たいじょう》して講和するの余儀なきに及ぶ。他の諸国は日本の勝つべきを想わず、何程まで戦うやを見んとし、弱者に同情せるが、意外にも日本が連戦連勝し、露国が弱きか、日本が強きか、予想の裏切られたるを怪まざる能わず。ドイツ皇帝は露国の敗軍を悦びつつ、日本の東洋に勢力を伸ばすを憎み、何かにつけて敵意を表明するを憚《はばか》らず。かつて視察者に便利を与えたる所、ようやくこれを拒絶するに傾く。

ドイツは日本が露国を破り強国に列せるに驚きたるも、露の敗れたるが為め、前に優るの優勢を示し、何処まで発展するやの測り知るべからず。露を以て世界第一の陸軍国とし、海軍さえ潜勢力ありとし、これと同盟するを以て最も安全とせし仏国が、その敗軍と共に失望し、意気沮喪《そそう》せるに反し、ドイツは墺および伊と結び、仏独同盟を尻目に掛け、既に陸軍を以て世界に冠絶《かんぜつ》し、更に海軍を以て英国を脅かすの勢を擬し、止まる所を知らず。英は独に対して危懼《きぐ》の念に駆られ、露に対して結びし日本との同盟を独に転じ、前の敵国なる露と協商し、およそ国という国を味方に引き入れ、独を孤立に陥るるに努む。

もしドイツが実力を養いつつ、勢を外に示さず、自ら謙遜して他国と結びたらんには、世界の外交界が異なる状態と為りたるべきも、ビスマルク既に在らず、権力者が内外の勢を詳かにせず、我が力を以てせば、疾風迅雷、立処に形勢を決定すべしとし、或る程度まで予想のごとくするを得。而して遂に計画の齟齬《そご》し、無残たる敗退の余儀なきに終わる。独帝は万能視せられたるも、順境に狃《な》れて智者も智の鈍ぶるにや。国力を傾けて奮戦健闘しながら、祖父が建設せし帝国の破滅を見、他国に流寓《りゅうぐう》し、徒らに国内人なきを款息す。

連合国側は初めしばしば独軍に圧迫され、果たして勝ち得るやの覚束なきを感ぜるが、忍耐し得るだけ忍耐せる間、敵国が疲弊を極め、戦わんとして戦うを得ず、独り自ら敗るるの奇観を呈す。最後の勝利を考えし者も、ドイツが斯くまで脆く敗るるを想わず、相当の余力を以て講和すべしとせしに、革命の起り、皇帝の遁《のが》れ、軍隊に戦意なしとありては、無条件の降伏を命ずべく、これを命ずるを得ては、将来に憚るべき無し。さしもに憎み且つ畏れし敵国なるドイツが、敵国なるオーストリア国と共に敗滅に帰し、張り詰めたる意気の頓に弛み、戦時と戦後と列国の人心に多大の変化なきを得ず。

日本も戦時中に今少しく事を処するの宜しきを得ば、現状のごとくなるを免れ得たるべきも、そこまで将来を考うる能わず、鬼の居らぬ間の洗濯という形なきにあらず。何人も戦後の事を詳かにし難く、独り日本の当局者を怪しむべからざるも、事の宜しきを得ざりしを掩うべくも無し。あたかも成金が続出して無遠慮の態度を極めしがごとく、外交に、軍事に、経済に穏当を欠くもの少なからず。

欧米諸国にては、戦時中これを顧みるの遑《いとま》なく、ただ東洋に駐在せる者が苦情を言い、日本を罵りしのみにて、本国における反響甚だ少なく、日本にて東洋における外国人の勝手気ままの不平に過ぎずとせり。勝手気ままの不平もあれど、戦時中こそ本国に反響少なけれ。敵国全滅し、もはや畏るべき者なしとありては、戦時中の経過に耳を傾け、火事場泥棒のごとしとして憤るなきにあらず。

日本の実情よりせば、機会ある毎に発展の途を求むるの已むを得ざるも、他国にて同様に考えず、安危《あんき》存亡《そんぼう》の測り知るべからざる時、自国の利権に専らなりとは不都合至極なりと唱うるあり。彼我《ひが》位置を取替うれば更に甚だしきを辞せざるの明らかなれど、これを推察するの寛恕心なく、日本の不穏当なる処置を責めて已まず。支那も勢の余儀《よぎ》なき間、外交上の常なりとし、充分に承諾したりし所、後に勢の変ずるを見、これを反古にするを憚らず。これを世界に説くにおいて巧みなり。

欧米強国は戦役に力を注ぐこと日本よりも多く、米とても世界第一の利得者《りとくしゃ》ながら、相応に犠牲を払えるを信じ、日本が地中海に出動し、シベリアに出兵せしと同日の談ならずとす。日本が独り自ら他人の不幸に乗じ利益を得たりしがごとく考うる者多く、いやしくも日本との関係あるは、同情を以てするよりも反感を以てするの勢あり。

日英同盟の際、植民地は必ずしもその必要を認めず。これを認むるも、労働者関係にて排斥するを憚らず。ただ本国にて成るべく日本の不利ならざるがごとくするに斡旋する所ありたり。戦後に同盟を以て米国の好意を得るに妨げありとし、その好意を得るが為めにこれを断絶せざるを得ざる程にて、謂わば日本を排斥するほどいよいよ米国の好意を得るがごとし。帝室において日本に同情あるに似たるも、一般政策に何の関係なく、植民地は日本を排斥し得るだけ排斥せんとす。

米国は世界人類が自由に集まるの国。来住者を制限するの不合理なりと言うべきも、これ土地に比して人口の甚だ少なかりし間の事。僅かに東部に植民せし頃は、西部の如何なるべきや、全く措いて問わず、自由の天地は自由の人の来りて住むを待つという有様なりしも、既に国境を定め、国家の形を成しては、欧洲旧国家と大差あるべくも無し。来住する者は概ね意地強く、初めこそ意地張るの必要なかりしなれ、自身の国家と考えては、他国人の来住すべき余地あると否とを問わず、断然これを拒絶するを辞せず。特にアングロサクソンは人種的偏見強く、アジア人と事を共にするも、断じて生活を共にすべからずとす。英国人がインドにて成功せるがごとく、成功せざるがごときも、その故を以てす。

彼らは同化するの意なく、何処までも従属者として支配せんとし、兵力の続く間、これを領有するを得、その続かざる暁、二十万の英人の去り、英化の痕跡を絶つべし。二十万の英人を以て能く支配し得るを知る所、勢を察せるの明ありとすべきも、その永遠の策なるやはすこぶる疑わし。アングロサクソンを始め、白人が有色人種を排斥するは、資本家が広大なる土地を占め、他人の入るを許さざるがごとし。国内にて既に非資本主義の起りつつあり、国に依りて既に資本を撤廃せるも、なお国境を維持するに徹し、人類の自由に生活すべきを考えず、力の許す限りこれを制限せんとするを察すべし。

排日熱の世界各地に起これるは、日本が相応の国力を備うるを知り、而して未だ特に畏るべきを覚えず、生意気とか、増長せりとかいう位の所にて、もし日本が一層国力を増進せば、排日病変じて恐日病《きょうにちびょう》と為るべし。往昔《おうせき》蒙古人が欧洲に侵入せし時、これを畏れ、トルコ人が侵入せし時、またこれを畏れ、防御に急にして、排斥を念とするの余裕なし。排斥は恐怖心よりも軽侮心《けいぶしん》に出ず。蒙古や、トルコや、力を失うと共に、軽侮せられ、排斥せらる。

ナポレオン一世が天候にて露国に敗れ、露が出でて攻むべく、退いて守るべく、領土を拡大し、止まる所を知らずと考えられたる時、恐露病《きようろびよう》のすこぶる熾《さか》んなるを致し、次いで露が日本との戦役に敗れ、必ずしも畏るるに足らずと知れ、更にドイツが欧大陸の中央に居り、兵力に、産業に、右を制すべく、左を制すべしと見られたる時、恐独病《きようどくびよう》のすこぶる熾んなるを致せり。恐怖病は実際に畏るべきよりも、想像にて畏るるを意味し、真に畏るべきにあらずとする者なるも、これ他より観ての事にして、当人自ら真に畏れざる能わず。

かつて英国が露国を畏れしは、インドを奪わるるの憂慮よりし。後にその事なきを以て全く杞憂に属せしとすべきも、前に深く憂慮せしに相違なし。ドイツに対しても同様にして、現にドイツの敗軍し、何事をも為し得ざるを以て、前に杞憂《きゆう》せしを知るも、杞憂にせよ深く憂慮せしに相違なし。憂慮して恐怖する間は、真に憎悪し、嫌忌しながら情を色に現わさず、得べき限りの好意を表するに努む。陰に敵対を事とし、陽に親交を示して已まず。英が露を畏れし頃、これに対して辞令を巧みにし、如何にその怒りを買わざるべきかを考え、ドイツに対してもまた同じく然り。先帝がしばしば旅行してドイツに備うるに努めながら、表面において叔姪の間柄すこぶる親密、英独の不和は離間中傷に過ぎずとせり。露国が英と協議して損失を招かざるは、英に恐露病ありし時、ドイツが英と協議して損失を招かざるは、英に恐独病ありし時の事なり。

排日熱の熾んなるは、日本が弱国の位置を脱し、強国の列に入りつつ、何国にも恐日病の起らざるが為めなり。日露戦役後、しばらく支那に恐日病ありしと謂うべく、恐日は一面において敬日なり。日本が東洋の実権を握り得るかを思い、一挙一動に注意しながら、これに倣うを有利とし、盛んに留学生を送り出だし、数万人に達せり。これを畏れてこれに倣い、これに倣いてこれを畏れ、露国が復興の徴あるや、露と結んで日に備えんとし、ドイツが猿臂《えんぴ》を伸ばすや、独と結んで日に備えんとせるが、世界戦役において米国が雄飛し、日本を威圧するの観ありてより、その力を藉りて日本を排斥せんと試み、恐日病より排日熱《はいにちねつ》に転じ来たる。畏るべきを覚えたる時は、ただ徒らに排斥せず、正当と認むべきは務めて承諾せんとす。畏るべきを覚えず、ただ忌むべきを覚えては正当と認むるをも承諾するを肯《がえ》んぜず。

今日支那が政治上に為す所は、ほとんど病的に属し、独り日本に対してのみにあらざれど、いやしくも世の視聴を聳《そびや》かすべきあらば、何事をも敢えてするを辞せず。日本において事件の煩しさに堪えざるは、排日熱ありて恐日病なきに因る。すなわち日本に他国を動かすに足る程の実力なしと認むるのみ。支那が兵力を以てこれと争い得るを信ずるにあらず。米国が日本を牽制し、兵力を用いしめざらしむべく、英国およびその他欧洲強国も米国の好意を得んとし、その為すがままに任かすべしと考うるなり。

支那もなおその状態にして、米国は何等恐日病なく、如何に威嚇するも如何に威圧するも、必ず従うべきを思う。実に米の予想せるよりも日本において従い、ただに従うのみならず、従うの当事者に行賞《こうしよう》し、到らざる無し。前に一般アジア人の例外とせられたるに、今は例外ならず、アジア人の名の下に排斥せらる。既に黒人が人口の九分一を占め、而してなおアジア人の来往を拒絶するは何ぞ。アジア諸国中能く力を以て争い得ざるを知るにあらずや。

恐露病恐独病の語が聞え、恐英病恐米病の語が聞えざるは、斯かる語の英語国に出や、英語が貿易語として広く開港地に通用するを以てなり。英国の勢力の及ぶ処、悉く恐英病あり。今や米国がこれに代るの勢あり。恐英病または恐米病の蔓延《まんえん》しつつあれど、恐英病が恐露恐独と違い、恐米が更に違うと考えらるるは、兵力を主にせざるが為めにして、最後の力は兵に在りとし、これを掩うに文明を以てする所多し。露は専ら兵力を以てすと知られ、独は兵力に加うるに文明を以てすと知られ、英国は兵力よりも文明を以てすと知られ、米国は更に一層文明を以てすと知らる。

英国は世界に冠絶するの海軍を以てせずして従来の位置を占むるを得ず。米国もこれと同様の海軍を備えずして、現在の勢力を張るを得ざるが、いずれも相当の文明的設備を整うるを失わず。

ドイツは或る点において文明の他に優るも、専ら兵力を恃むの影ありたること、比較的文明の力の現われざる所にして、大事を皇帝に一任せし事その事が既に古代の遺習《いしゅう》を守るも甚だし。英国や、米国や、ドイツと特別の差異なきも、兵力を主にせず、文明の力を以て世界に立ち得ると考えられたる所。如何にその文明が経済の別名なるにせよ、人類の多数が共鳴すべき方針を指せるなり。

世界の文化的進歩の極めて遅きに拘らず、年々幾分の実現あり。露に次いで独、これに次いで英、これに次いで米、順次世界の畏るる所と為れるは、文明の力を増せる者にして、今なお最後の力の陸海軍に在るも、万已むを得ざるの外に使用し難く、妄りにこれを使用すれば必ず失敗すと知らる。仮に何国か恐日病に罹るありとし、斯かる順序においてするは排日熱を減退せしむる所以なり。

排日熱の起これるは、多少日本の当局者および一般国民の不用意に出でたるも、大部分は勢の已むを得ざる所なり。日本が支那と戦い、露国と戦わざれば、国力の何程発達せるやを世界に示すを得ず。これを示さざれば、世界が日本相当の位置を認めず。されど相当の位置を認められたる時は、もはや前のごとく憐まれず、愛せられざるの時なり。

有色人の多くは、憐まるるよりも侮られ、愛せらるるよりも卑められたるが、日本が憐まれかつ愛せられたること、鳥籠の鳥のごとくなりき。その鳥が人に劣らざる力を現すに至り、また前のごとく取扱われず、ここに排日熱の起これるも、その起これるは侮蔑して妨げなきが故にして、もし妄りに侮るべからずと知るれば、憐まれざる代りに重んぜられ、愛せられざる代りに敬わるるべし。白人は文明を以て居るも、なおすこぶる浅薄、兵力にて征服するを野蛮の行為としつつ、これを畏るるの最も甚だしきこと、かつて列国の使臣が露国戴冠式に臨み、戦々兢々儀式に違うを畏れしを以て察すべし。

もし現在の日本に世界を圧倒する兵力あらば、一国として排日熱を揚ぐるなく、ただ感情を傷うを恐るべし。今なお力が権にして兵力が総てを決するに足ると謂うべし。されど現に何国も世界を圧倒すべき兵力を備えず、これを備えんとして失敗すること露のごとく、独のごとく、今後も悉く然るべし。且つ斯くて排日熱を鎮圧し、我が欲する所を貫くも、一時を痛快にするに止まり、国民および世界人類に何の益する所なし。

日本に兵力を減ずれば、侮る者がいよいよ侮るべきも、侮蔑を変じて尊敬とするには、兵力のみを以てせず、智能的設備に重きを置かざるべからず。商工業において優らずんば、科学において、芸術において、風俗習慣において優るを要す。世界に重きを成すには、世界の最も多く要求する所を悉く備うるに若くは無く、悉く備う事の困難なりとし、今日よりも更に幾層か発達するがごとく力を尽くすべし。

必ず恐日病の出でざれば、排日熱を減滅《げんめつ》し得ずと限らざれど、恐日病と認められず、斯く認めらるると同様の力を備うることが恐日病を減滅するに必要なりと謂うべし。排日熱はその起らざりし以前の状態に逆戻りして、減滅すべきにあらず。今更逆戻りせば、侮辱に次ぐに迫害を以てせらるべし。文明国の有識者が斯かる事に加わるべくも無けれど、米国にて黒人に私刑を施すがごとく、無識なる野次馬が迫害を加えて自ら快くすべし。排日熱の起らざりし以前に逆戻りして益なくんば、排日熱を起こし得ざるまでに国俗を高むべく、経済上にも学術上にも、およそ優秀なる事は一事にても増加すべし。

多くの事が他の文明国に劣らず、これに優るの明らかなるにおいては、これを排斥する者が自らの愚を表白《ひょうはく》するに異ならず。聞く者が応ぜず、応ずる者が無ければ言う者も無し。米国における帰化法のごとき、急に改め得るやの疑わしきも、排日熱の消滅に帰するは疑いを容れず。日本人が智能的設備を整うるにおいて白人と何の劣る所なきの明白ならんか。排日熱の終熄に努めざるも、期せずして終熄《しゅうえん》すべく、而して恐日病が意識せらるることあると否とに拘らず、日本に信頼する心の起るべし。

英国が一時困難に陥るや、日本と同盟を結べり。日本と共にするの得策たるを知れるものにて、これを知れるは日本がそれだけの国力を備えたるに因る。排日熱の起るは未だ国力の足らざるが為めにして、これを増進すると共に、或る辺に恐日病の起るべく、同時に頼日心の起るべし。兵力に重きを置かず、文明文化に重きを置かば、恐日病を挑発することなく、頼日心を惹き起すを得べし。国家として頼日心の起るを望むの必要なきも、その起る所に国運の発展を証明するを得べし。

今や排日熱が世界に普しとすべきも、既に現状に立ち到れる以上、逆戻りして益なきのみならず、かえって一層不利の位置に落つべく、寧ろ進んで恐日病の起るがごとくし、得べくんば直ちに頼日心の起るがごとくすべし。

# 両洋思想の接触

人種の上より観ればインド以西多く白人種を混し、寧ろ欧洲と起原を一にするもの、然るに東洋の思想といえばインドをもペルシアをも包含し、いやしくも亜洲に国する者は種族を問わず挙げて皆なこの称の下に一括し、エジプトよりして地中海の南岸に位する者また時に幷《あわ》せ称せられ、その称呼の漠たるは言うを須《もち》いずといえども、而も斯のごときはほとんど一般を通して慣用され来りたる所のものなり。

近年列国多く眼を東亜に注ぎ、アフリカの宰割を移して支那に転じ、競いて経営をこれ事とし、おのおの将来に就きて種々臆度する所あり。西洋の思想と東洋の思想と如何に接触すべきやを尋ね、まず古来歴史に顕表《けんぴょう》せし所に照らして両個の文明を差別し、その重もなる条目として説を作して曰く、東洋は厭世的にして西洋は楽天的なり。東洋は総体を重視して個人を軽視し、西洋は個人を重視して総体を軽視す。然るも東洋は総体を重視しながら同情に乏しく、西洋は個人を重視しながら同情に厚し。東洋はただ已れ生を営むの安穏ならんを欲し、特に進みて艱険を冒さんとせず、西洋は閑居して安に耽るに堪えず、勇往邁進して新たに獲得せんことを勗む。為めに東洋は機械を工夫して天然に打ち勝つこと甚だ稀《ま》れなるも、西洋は工夫に継ぐに改作を以てし天然に打ち勝つこと頻《しき》りなり。独り東洋は人生に就きて絶対的に観するに備き、西洋はこれに関して考うる所すこぶる膚浅《ふせん》。而してその思想の因りて分かるるところ、一は仏教の播宣する既に久くして斯かる観念の深く浸染《しんせん》し、皆なあたかも蓮華台上に静坐しつらつら世の無常を瞰《かん》するの風あり。一はキリスト教の播宣せるまた久しく、これが化育の普《あまね》きよりして、各人皆な進取活躍を好み、猛奮して磔刑だも恐れざるの状あり。その両々趣を異にする。彼此相い対比するにおよびてますます然るを観るとしかいう。

従来の勢い西方の東漸に伴い西洋の思想の遠からず東洋を圧するは争うべからざる現象なりしに、近時に至り西人ややもすれば東洋の思想のあるいは勢を得来らんとするを想察することと為れり。云う所の東洋の思想の勢を得来る。一には政治観においてし、また一には人生観においてするとの事。

政治においてするとは、ロシアの拡大よりせるなり。露は欧洲に国し白人に属すといえども、その文明は西洋的というよりも寧ろ東洋的たり。ピョートル一世の己れ蛮流ながら、鋭意西欧の文明を吸収し、頻りに改革に黽勉《びんべん》せしより、上流社会のその化に浴するもの多く、一時は両半球中最も世界的なるはパリに亜《つ》ぎてすなわちサンクトペテルブルクなりと認められしに、近代に至りスラヴ精神の発揮漸々《ぜんぜん》旺盛に赴き、国中の人期せずして謂えらく、「ロシアは自らロシアの文明を発揮せざるべからず。西欧の文明は今や既に頂巓を過ぎ、向後ただ降下すべきのみ。故にロシアを以て新たに文明を創作し、漸次これを世界に普及せしむるに努むべきなり」と。

これにおいて素と西欧の文明を主とせし上流社会も相率いてスラヴ精神を主とするに至り、あまつさえ勅諭の発布ありて教育制度を一変し、一にロシア的観念を発揚すべき事となりたり。

その宮廷に在りて勢力尤も赫燿《かくやく》せるポベドノスチュフは公々然意見を発表して曰く、「西欧の文明は悉く虚偽なり。自由と呼び人権と号し讙譁奔狂《かんかほんきょう》す。斯くて已むこと無くばただ社会の破滅を招くの外なし。露を拡大して世界を救うの要素は独裁と宗教と村族社会とに存す。皇帝は国務を敏活に運為し、民人の宗教心はこれに要する大結合の大勢力を作るに足る。統一、単純、服従、恭敬、これらは実にロシアの文明の由て形成すべき所なり」と。

人生の品位、個人の独立、人権の拡張、ないし多数の位置を高ねる事のごとき、また眼中に入らず、たまたま眼中に入る。すなわち害毒として斥けらる。言う所はすこぶる奇怪に聞えんも、ポペドノスチェフその人の威権赫々として国内に振うより、感化の及ぶ所甚だ広くして且つ甚だ大、これを以てほぼロシアの何情なるかを推すべし。

加うるに露の兵力を擁して世界の政治舞台に雄揚すると共に、その抱持する所の主義も自然に境外に伝播する傾向を現し、列国競いて帝国主義を操持し、総体を主として個人を抑え、自由や人権や為めに幾んど価値を失い、ただ偏《ひとえ》に兵力を用いて他を圧屈せんことを欲す。これ往日の東洋流と称し視《み》て以て野蛮の遺風と為し卑しみ却けむる所のものならずや。変化もまた甚だしとせざるか。

欧米に国し、かつて自由を貴び、人権を重んじ、且つ開明主義を以て基礎と為しし者の、次第に専制を尊び独裁を旨とし、且つ帝国主義を基礎とせんとする彼がごとくなるに、更に他の一面においてはキリスト教の喧々鼓吹に努めたりし正義と人道とはまたようやくして価値を感じ、人々個々冥想して人生を絶対的に観ずるに傾けり。

ショーペンハウアーの前世紀の中期遽に盛んたるを致ししは実はこれが前兆たりし。彼は仏者たり。厭世者たり。普通の事は何たるを問わず総べてこれを厭忌《えんき》し、ただ深く観じて測るべからざる所に潜まんとせり。ニーチェの猝《にわか》に盛《さか》んなるを致ししもまた然り。彼は前者と異《こと》にして個人を主とせるも、その個人は最も能力に富み権勢を握れる極めて少数の個人を指し、他の総べては悉くこの極めて少数なる者の下に隷従せざるべからざるのみならず、この極めて少数なる者は道徳的規則の能く律すべき所にあらずと為せり。

かかる奇矯なる説の今日に勢力を占得《せんとく》しつつあるは以て傾向の存する所を察すべし。もとより欧米列国の上下皆な一般にかかる傾向ありというにあらざるも、旧時西洋の文明として世界に鳴りしものの近年におよびあるいは根拠を失わんとするあるは掩うべからざる事実なり。

憂うる者は更に謂う、「インドの思想は幾分か欧米人の頭脳に浸染せるも、その土はもと熱帯圏裡に位置し、炎暑燬《や》くがごとくして多く白人の棲住に便ならず。これに反し支那は概して温暖和煦、多数の白人を収容するに堪う。もし一方に北露の南進してこれを開拓するあり、兼ねて列国より来り移住する者接踵比蹠するあらば、多くの白人はここに支那の風を帯ぶることとなるべく、その支那の風を帯ぶるの結果延《ひ》いて西洋に影響する大なるものあらん。支那も日本も均しく仏教国にして、儒のこれを斥けしに拘らず、人心の根底は実に仏教によりて養われたり。近時欧米人は漸次道理を賎みて、ただ権力をこれ崇むの状あるが、斯の風弥々長じ、一方において荐りに兵力を皇張し、その前に正義も力を失い倫常も基脚を占むる能わずして、各自ただ無常を観ずるに至らば、全く東洋の文明に化し了《おわ》せもるものと為すべし」と。

この類の事、従来の状勢に徴するに、言う所の多少当るもの無きにあらずといえども、初より東洋と西洋とを区別し、而して東洋は彼が若くして西洋はこのごとしというは、元と大いに誤れり。

何為ぞ東洋と西洋とは斯かる有様に区別せらるるや、欧米人のこれを解釈する者は首たる原因として仏教を挙ぐれども、仏教は原因たるよりも結果たるに幾し、その東洋的なるは東洋に産せしが故《ゆえ》のみ。東洋は何故に東洋的にして、西洋は何故に西洋的なるか。討尋し来れば究竟《くきよう》囲繞《いじよう》物の相い同《おなじ》からざるに帰せざるか。人の言うがごとくアジアとヨーロッパとは地形全く反対なり。一は曠漠《こうばく》にして航運の便少なく、一は水陸錯綜《さくそう》し港湾《こうわん》多し。面積に比例して海岸線の長きはその長きだけ開化に益するに既に明白にして、欧洲は斯かる府の利を有し、且つ山河の按排《あんばい》自ら多様の境域を画《かく》す。

往昔ギリシアが眇《びよう》たる小土にして、而も地勢の複雑なるが為め数個の独立市府を形成し、おのおの兵を蓄えて角逐《かくちく》せしがごとく、欧の邦国おのおの険に拠りて固守し互いに相い下らず、全洲を招てこれを統一することすこぶる難かりし。

ローマは武力に托して統一の功を了し余威加わる所遠く洲の外におよびしかど、その管轄は久からずして名のみと為り、各地に散住せし蛮夷皆な自治の体を為し、帝国の瓦解せると倶《とも》に全然割拠の態を作せり。爾来盛衰隆替《りゆうたい》の変累りなりしも、弐《ふた》たび統一を能くしたる者遂に有るなく時に非常の人の出でて斯の野望を懐けるあるも、蹶躓《けつち》して成ること無きに終りたる。洵に自然の数《すう》たり。

アジアは広濶にして変化に乏しく、且つ変化あるも余りに大いに過ぎたり。山はヒマラヤのごとく、雪白皚々として天に参わり、重嶺蜿蜒《えんえん》として千里に亘り、中央を截画して南北の交通を遮断す。否らずすなわち中央アジアのごとき、支那のごとき、渺漠たる幾百千里、中に山嶽の以て境域を画定する少し。英雄鴻園を画する者あり。出でて地を拓けば、すなわち域中の平地を戡定して辺境に達せずんば已まず。然る後子孫権を失いて異姓の英雄新たに起るに会う。また一方に割拠して父祖の遺業を守る能わず。全を保つか、全を喪うか、一に全を旨とせざるべからず。統一という観念の常に主と為れるは固と理の当然たり。

而して欧に在りては権利の思想尤も盛んに、亜に在りては義務の思想尤も熾んなるもの。また前者におきて弱の強に抵抗し易く、後者において弱のことごとく強に服従せざるを得ざるに因る。ただヨーロッパは海岸に彎曲多くして港湾に富むというも、そは全洲に挙りて悉く然るにあらず。港湾に富むの地方あり、また富まざるの地方あり。その比較的富まざるの地方は自ら東洋に似ざる無しとせず。現に欧洲大陸は英国と比して百事やや東洋的たり。

更に露国を将て爾余の列国に視ればその東洋的たること一層較著なり。その土地は渺茫として平野速く亘り、中において重巒《ちょうらん》複嶺の以て境域を画する無きは宛如アジア的地勢にして国家の権力特にここに強くして嘗て個人の権利の重んぜられざりしは必然の結果ならん。

人生に就いて見るも、そのインド内地の若く、人々事功に懦《よわ》くして坐して静慮すべき処にては自ら無常を感ずるに至る。今人はキリスト教を指して楽天的なりと称すれど、中世に在りては総べての寺院は悉く厭世的にして、構造の方また東洋と相い似たり。

爾後暗黒の境を出でて開明の埠に入り、欧洲の文明ここに社会的に化し急速の進歩を現せしもその余りに急速なるよりして忍刻の遺風なおすこぶる残存し、特に近時に至り再度往日の旧状に復えらんとするの勢あり。何事も皆な兵力を用いて他を圧伏するに勗《つと》め、自由も人道もこれに向いて抗敵の力を失わざるを得ず。表面は人智の開発と工芸の発達とに因り大いに中世と観を異にするあるも、内実は想うるがごときにあらず、思想の再び中世に似んとする。深く怪しむを要せず、必ずしも東洋の影響を俟《まち》て然るにあらず。然るもその中世に復《か》えらんとするリバーバリゼーションの称あるだけ退歩たるに相違なきも、実は進歩の一階段たるべし。

往きに専ら個人の自由を主とせしに当り、そが進歩は智徳の進歩に割合して寧ろ過度ならんとする傾向あり、ややもすれば放肆《ほうし》に流れ、一たびは大いに統一の必要生じこれが制裁を受くべき運命に会せり。いわんや各国兵を擁して互いに相い争うの避くべからざるに際し、形勢のこれに迫るのすこぶる免がれ難きにおいてをや。

且つまた学術技芸は長大の発達を為し頻りに天然の障礙に打ち勝ちつつありとはいえ、精神的事態は中世と比較して未だ著しき進歩の見るべきにあらず。哲学や心理学や皆や微細なる分類を事とすれど、人生に関しては。なお親しく心に体するに到らず、徒らに口に喋々するに止まる。嘗てインド人の欧洲に観光せし者の、各種の機械は実に進歩し中には能く造化の巧を奪えるあるも、人はなお野蛮なりと言えりしは、必ずしもその頑冥にのみ帰すべからず。インド人の思索は正鵠を失えりといえども、その自ら人牛を観じてこれを心に体しこれを身に律するは彼欧洲人に較ぶれば寧ろ到れる所あり、その観光の余に斯の言を作ししは已れの到れる所を以て他の未だ到らざる所を料りしにあらざるなきを得んや。

ショーペンハウアーおよびニーチェの唱道せる奇矯の説に和する者の頓に衆《おお》きを致《いた》せるは既に思想の分析的なるに厭けるより更に潜心覃思して身を不可思議界に驚せんことを欲するが故にして、一応は道理を軽視するの嫌あれども、ここに思を潜むるのすこぶる深きはあるいは大悟徹底の境に近迩する所以たらんか。あたかもなお朗晴に先ちて陰雨あるがごとし。一旦昏朦《こんもう》たる暗黒世界を通過すれば、ここに再び燦爛《さんらん》たる文明の世に接するの日あるを期すべし。

然れども世界の土地は千種万様なり、彼此皆な均しく同一義を以て律する能わず。たとえ全世界としては自ら一定の道を進行するの状ありとも、而も列国個々に就いて察す。すなわちおのおのその是とする所に従いて進前するの要無しとせず、同じく有無を交換するにも、或る者は自由を得策と為し、或る者は保護を得策と為す。甲乙相い採る所を殊にするは、自他互いに国情の異なるが為めなり。

これと同様の理に拠り、太陸に国する者は自ら海島に国する者と国情を異にし、これを以て彼を摸するの甚だしく謬妄に陥るあり。もし露を以て英の為す所を摸し、英を以てまた露の為す所を摸す、共に国情を知らずとの嗤笑を招かん。蓋し大陸に国する者は一種大陸の風ありて、その変遷も内外相い応じて促さるること多けれど、海島に国する者は群を離れて単立特居し、徐ろに太陸の変遷を計較してその利とする所を行うを得べきなり。

且つ太陸に国する者と海島に国する者と国情の相い同じからざるは瑣細《ささい》の点においてなお察するに足る。例せば太陸は陸軍を主とし、島国は海軍を主とし、而して陸軍を統帥せる者の廟廊《ろうびょう》に上りて政権を総攬《そうらん》せるは古来その人衆きも、海軍を統帥せる者の廟廊に上りて政権を総攬《そうらん》せるは未だかつてこれ有らず。これ故に他の太陸に群峙せる邦国において武断政治の行わるるを観、島国に居る者また必ずこれに倣わざるべからずとして偏に模擬に黽むるあらば、失誤の悔なきを欲するも得ざるべし。

故に東洋と謂うことなかれ。西洋と謂うことなかれ。ただすべからく地勢と時情を察し、地の宜しきを料りて我が特性を発揮すべし。欧のごとくして亜なるもあるべく、亜のごとくして欧なるもあるべく、あるいはいわゆる欧亜のいずれの部類に属せざるもあるべし。単に東といい西といいて判断するは洵に守柱膠柱《こうちゅう》の類のみ。

# 黒黄白人対等観

普通に黒人を最劣等とし、少しの疑う所無く、黄人がこれに次ぎ、白人が最も優等と考えることになって居り、概括して有色人と白人とに別ち、前者を劣等扱いにする。色の黒い程劣等、その薄くなる程優等とし、有色人種もこれを打ち消そうとせぬ。もし斯くて真に優劣が分れるならばそう認めるの外なく、そう認めるを当然とする。何の場合にも真偽を顛倒してはならず、何処までも真を真とし偽を偽とせねばならぬ。

処で白黄黒は果たして優劣を示すかどうか。現に白人が最も勢力あり。黄人がこれに次ぎ、黒人が最も劣るのみならず、解剖上で黒人は白人よりも脳量が少ない。白人と黄人との脳量の比較が判明せず、或る調査に拠れば、黄人で優るのがあるけれど、何処となく白人に劣ると考えるに傾く。黒人を最劣等とする以上、これに近い程劣等になり、黄人が有色とせられるだけ、黒人の列に近づく訳である。しかし黒人は真に劣等であるか、現に勢力無いのがこれを証するか、脳量の少いのが何よりの証拠なるか。人と猿とを比較し、黒人が猿に近いので劣等と断定すべきであるか。一応そう考えられ、また実にそう考えられ来《きた》ったが、斯く考えるのは根本において誤って居る所が無いか。その誤って居るが為め、今日予想せざる禍根《かこん》を後に残すがごときこと無いか。

初め如何にして黒黄白の区別が出来上ったか、種々の議論があり、容易に決すべくもないが今日まで知られた限りに於いて、人類が熱帯地方に出で、殊にインドの東南ジャワ附近に出でたろうと察せられる。類人猴《えんじんこう》が熱帯に棲むのを見ても、斯く考えるを自然とする。黒人が猿に近いというのもこれに伴って居る。進化の律で、類人猴に似たものから人類が出で、これが進んで黒人となり、黄人となったと思われる。黒人が黄人となって白人に化したか、将黒人が一部黄人となり、一部白人となったか、疑問に属するとし、兎も角も黒人から他の人種が分れ出でたとする。現在の黒人と同様のものから他の人種が出でたか、今日見るべからざる黒人から黄人および白人が出でたか、何れにしても黒人を以て最初の人類せねばならぬ。

黒人が熱帯地方に適するごとく生れ出でたのは、何人も疑いを容れぬ。黄人でも、白人でも、夏になれば黒ずみ、暑いと黒いと離るべからざる関係があり、人類が熱帯地方に出でたので、黒く生るべきものとなって居る。黄人および白人と較べて脳量の少いのは、頭蓋骨の厚い為めであり、その厚いのは、炎天に曝《さら》すの必要あるに因り、熱帯に住居するには、黒人のごとき体格を具《そな》えるに越したことが無い。今でも熱帯地方は黒人が多く住み、他の人種はこれと同数に上り難い。黄人および白人が、熱帯を離れて出来上ったものであること、夏に黒くなったものが、おのおの黒味を去るを以ても察し得られる。熱帯地方に居る間、黄人となる事も出来ず、白人となることも出来ず、黄人および白人の出来上ったのは熱帯より離れたが為めと定めねばならぬ。

そこで何故に熱帯を離れたかを尋ぬべき順序になるが、過去および現在に行われる所に徴するに、他国へ移住するのは有力者でもなく、無力者でもなく、有力者は国内において相当に満足する所があり、他に移るの必要を感ぜず。無力者は不自由なる生活をして不自由を感ぜず。他に移って新たに運命を開こうとの意気も無く気力も無く、まず中間に居る者が移住民となる。富貴なるが他国に移住するなど、或る特別の事情を除いてあり得べきでない。権力争奪か何かで失敗し、国内に居られぬので移住し、そうでない限り住み馴れた土地を離れず、植民の必要を説いて廻っても、自ら国を離れて他に永住しようとせぬ。

貧乏人は国内でみじめな生活するよりも、他に移住する方が得策と思われつつ敢えて動くを厭い、前のごとくみじめな生活を続けて居る。そこで移住して新たに身を起すものは中間の人物、すなわち気力もあり才幹もあって位置を得ず、新たなる運命を開こうとする方である。欧洲各国から米洲に移住したものが多いが、国内に第一流と見られるのは移らず、幾らか失意で不平を懐いて居るのが多い。米国独立に運動した人々で、誰が母国の第一流もしくは第一流の子孫であるか。次男三男という所があるにしても、第一流の直系というのが無いではないか。第一流という語が弊あるにせよ、世間で斯く認めるものが全く開けぬ土地に引移ろうとすることが無く、日本でも北海道へ移ったのに、男爵位の所あり、指折りの大名中に一人も無く、ただに自ら移ろうとせぬ許りでなく、移ろうとしても左右から押し止め御自身お出でにならなくても、他に幾らでも移って事業を起すものがあると説いて已まぬ。これに由っても、熱帯地方から離れるのは、有力者でもなく、無力者でもなくその中間においてしたのを察することが出来る。

熱帯より離れるとて、急に遠くに行くのでなく、僅《わず》かずつ離れるのでありながら寒い地方に移るのは、何かにつけて不便があり、好ましくなかろう。椰子も芭蕉も生長せず裸体で居れぬ所に移る気にならぬ。それにも拘らず移るのは、天変地異に余儀なくされるの外、安んじて生活し得ない事情あっての事、すなわち喧嘩するとか放逐されるとか、そうでなくても不愉快のことあり、思い切って飛び出そうとするような所がある。第一流と最下等とは長く熱帯に止まって居り、天変地異を除いてこれを離れることが無い。数十万年間種々の異変がある。地軸が動いて氷河が出来たりしたが、現代の熱帯附近に何程の変化があったか。寒帯が熱くなっても、割合に変化少なく、変化があるにしても、有力者および無力者は、成るべく遠く移ろうとせぬであろう。今日黒人中、大きくて強いのがあり、小さくて弱いのがあり、著しい差があるのは、有力者と無力者とに分れたが為めでないか。而して中間なるものが温帯に移りて黄人となり、更に寒帯に移るか、移らずとも氷河に苦められたものが、白人となったのでないか。白人は皮膚からして、太陽の炎熱を受けなんだものであることが分り、寒い所で幾代も経過したのに相違ない。白人の体格は寒い地方に生活するに適して居る。

精しいことは分らぬけれど、人類がアジアの東南より出で、黒人が熱帯に拡まり、熱帯を離れて温帯に住んだのが黄人となり、これに容れられなんだのが遠くに移り、氷河の融ける頃に西アジアおよび欧洲に住居し、白人となったのでないか。黄人が黒人よりも文明に与かる所あるのは、熱帯で年が年中寝転んで暮らし得るのに、温帯は秋に涼しく、冬に寒く、氷雪をも防がねばならず、何とか工夫を運らすを要し、能く防ぎ得ぬものが消滅するを免れぬに因る。寒帯同様の土地に住居する白人においては、耕作が温熱の土地ほど宜からず、狩猟若くは牧畜で暮らすことが多く、それも温熱の土地で道楽半分にするのと違い、必要に迫られて趣向を凝らさねばならず、智慧を錬ろうと勉むるの習慣を生じ、僅かずつ錬るのが、積り積って目立つようになる。初め熱帯から寒い土地へ移り、いよいよ寒きへも移ったのは、郷里に留まって居ることが出来ぬからの事。その当時において不幸の境遇と謂うべきであり、寒さに難儀するなど、余計の災難を被った次第であるが、後から顧みれば、必要に応じて身体《しんたい》を鍛え智慧を錬り、安楽に過して居るものよりも活動し得るようになっただけ、幸福を受けることになって居る。斯かることは後にも常に見る所であって、栄枯盛衰が幾度繰返されて居るか知れぬ。

黒人の有力者は熱帯に留まり、これを離れるを要せず。幸福の身分であったのが、何時までも黒人として続け来った所以であり、黄人が温帯に移るを余儀なくされたのは、その当時において不幸であって、後に黒人に優るの働きをなすようになり、白人が更に一層寒い所に移るを余儀なくされ、艱難辛苦《かんなんしんく》したので、後に幅を利かし、現に白人が最も力あり、黄人がこれに次ぎ、黒人が最も力を欠くということになって居る。

それならばこのまま何時までも白人が優り、黄人がこれに次ぎ、黒人が最も劣るの状態で続くかどうか。同じ温帯の中にも熱い所と寒い所で違うが、熱帯で住居するのは黒人が最も適して居り、黄人これに次ぎ、白人最も不適当である。黒人は熱帯に生長し、天然の恩沢に安んじ、智慧を錬ること少なく、智慧を錬りに錬った白人の為めに、奴隷とし他に運ばれて牛馬同様に取扱われるに至った。その余りに甚しいので、奴隷解放の声が盛んになり、遂にその実行を見たが、智能において白人と較べものにならず、解放に尽力したものも、白人と同様に取扱うの困難を知り、表面こそ同胞人類とすれ、事実において最劣等の運命づけられたものとし別扱いすることになって居る。多数は斯かる同情なく、無遠慮にこれを排斥するを憚らぬ。同じく電車に乗るにも白人と共にするを許さず、同じく罰するにも白人と同じくせず、私刑を加え、生きながら焚き殺したりする。合衆国の人口九分の一を形造りながら、人であって人でなく、日本で××扱いされるよりも甚だしい。

処で黒人は真に斯くして運命づけられて居るか。時として黒人中に傑出した人物が出で、白人をして後に瞠若《どうじゃく》たらしむることがある。ブーカー・ワシントンのごとき、そうであったが、ただ彼は純粋の黒人でなく、半黒であり、且つ白人との対等を望んでも、勢い許さぬ所としたらしい。世界戦役の開ける頃、ジャマイカ島から純粋の黒人マーカス・ガーヴェが米国に移って活躍し、アフリカ合衆国を建設すべきことを唱え、黒人進歩協会を統率し、会員三四百万人に達して居る。而して文明は黒人が始めたものであり、キリストは黒人であるというように説き、白人が承知せぬ許りでなく、黒人中にも合点せぬのがあり、中にも黒人宣教師が白人の感情を害するの不利益を恐れ、攻撃の鋒を差向ける。ガーヴェーは殊にこれを反駁しこれを喝破して已まぬ。黒人のみを株主とする資本二千万円の汽船会社を創立する時、ピストルの弾を受け、急所を外れたとて繃帯をし、松葉杖をついて会場に現われ、黒人をして歓喜措く所を知らざらしめた。

ガーヴェーの説く所黒人を鼓舞するに急、牽強附会のように聞こえるが、実は相当の理由を具《そな》えるかと見ねばならぬ。ガーヴェー自ら何の理由においてするかは別とし、黒人が最初の文明を築き上げたというに誤りは無い。実に人類が熱帯に出で、文明を始めたのは、専ら黒人の手に成って居り、文明の基礎は黒人の築いた所として差支無い。枝葉《しよう》が茂り、花が咲き、実が結るのは黄人または白人の力であっても、根や幹は黒人の培養したところに係る。キリストはユダヤ人であって、白人に属するものとされるが、神学の解釈で如何になるべきか。神は自らに象《かたど》ってアダムを造り、その肋骨でエバを造ったとあるが、原始人類の黒人であるは、少しも疑うことが出来ぬ。人ならざる動物が初めて人と認むべきに至ったのが、黒人であったことは確かであり、神に象ってこの黒人を造ったとあれば、神の容貌が黒人であり、神の子なる耶蘇《イエス》も黒人たるべき順序となる。ガーヴェーがキリストを黒人とするのは、一概に笑うべきでなく、黒人宣教師の説く所を木ッ片微塵に打ち破るのも偶然でない。

ガーヴェーが黒人の為めに、アフリカ合衆国を造ろうとするのは、夢のような話であって、明らかに道理を具えて居り、少なくともユダヤ人がユダヤ再興に従事して居るのに譲る所がない。ユダヤ再興は久しい間の計画であり、一つの空想とされて居ったのに、ようやく着手するようになり、近頃エレサレムの城壁の破損したのを修覆しつつある。アフリカは白人諸国の間に分割され、黒人の領土は小さなリベリアとアビシニア位であり、ガーヴェーの計画では、黒人四億のアフリカに大国を打ち立てるにある。黒人の数は明らかでなく、あるいはその半分に計算したりするが、何にしても相応の数に上り、集まりて大国を造るに足る。

アフリカは既に白人において領有を定めて居り、黒人において国を立てる余地無いでないかと疑われるが、黒人に云わすれば、白人が如何にアフリカを領有したか。前にローマ法皇が世界異教徒の土地を分ち、東をポルトガルに宛て、西をスペインに宛て、日本はポルトガルの占《し》むべきものとなったが、白人がアフリカを領有して居るのも、これと同じく、領有して居る積りだけであって、黒人から見て何国の領有にもなって居らぬ。領有が兵力を以てし、黒人は必ず屈服せねばならぬというても、アフリカの四分の三は熱帯であり、熱帯の大部分は平均八十度以上に居り、白人は熱帯以外、北に百万、南に百万、今後増加するとしても熱帯に何程のことをなし得るか。もし黒人が政府を設け、国家として団結したならば、他からどうすることも出来ぬでないか。斯く団結し得るかが疑問であるが、最近の戦役で、黒人の働き目醒《めざ》ましいものがあり、仏国およびベルギーのこれに負う所少なく無く、米国の黒人がガーヴェーを戴いて運動し始めたのも、戦役における功績に意を強くした所がある。連合国が勝ったのは黒人の力でないかと広言するのは、誇張に過ぎるけれど、決してこれを軽んずべきでない。戦役の公債募集に応ずること四億五千万円、白人の応募額に較べられぬにしても、金力でも相当の準備を整え得るは明らかであり、もし黒人がアフリカに国を建てようと列国に通知した時、関係諸国は全然これを拒絶すべきであろうか。はた何程《なにほど》がその言い分を入るべきであろうか。

白人でアフリカの四分の三なる熱帯区域を開発し得るならば、黒人に対するの徳義《とくぎ》は兎も角世界の文明より見て許容し得ぬでなく、誰が開いても開きさえせば宜いとするけれど、これまでも白人がアフリカに事業を起すのは、黒人を使役してのことであり、それさえ熱帯区域においてすること甚だ少ない。熱帯に黒人も耐え難い風土病があり、今後土地を開拓し衛生設備を整えこれを改め得るとし、白人の無難になるまで容易のことでなく、今日白人において領土を定めて居るものの、そのまま幾代も続くようなことがあるまいか。黒人の有力者をして事に当らしめたならば、従来白人の着手したよりも効果が多くそれだけ少しでも文明を促進することになろう。

黒人が相応に資金を備えて居り、自ら事業に従事し得るが、他から援助を与えたならば、一層開発を速かにし、かつて暗黒大陸の名ありしものを変じて、光明大陸とするがごときこと無いとせぬ。黒人がこれを企てるの意無ければ、それまでの事、白人の力を注ぎ得る時を待たねばならぬが、黒人自ら開発しようと努むるならば、これを妨ぐるよりも、これを奨励し援助すべきでないか。これを妨ぐると同じく白人の恥辱とすべきでないか。力が総てを決するもの、黒人が何を言うとて、何を為すとて仕方が無いとするか。今後果たして長くこれを抑制し得るかどうか。

前に黒人が世界のことを知らず、白人の言うがままに従うたが、近来知識の増進すると共に、勢を変じ来り、未だ自覚と謂えぬにしても、幾分かこれに近づいて居る。現に白人中一本立ちでガーヴェーと争い得るものが、何の割合であろうか。多数は平均して脳量が少ないだけ、白人に劣るといおうが、熱帯区域で事を成すに適すること魚の水に棲むに似たり。熱帯で優に白人と対抗するに堪うるであろう。ガーヴェーを仮大統領とし、アフリカ合衆国の建設に努むる所、天晴れの次第と謂うべきでないか。これに較ぶれは、アイルランドの独立、朝鮮の独立など、甚だ小さな問題に属する。それが独立したとて、世界の文化に何の影響あるか。

支那で米国の援助を得、日本の勢力を駆逐しようとするがごときも、目先きのみの仕事に過ぎぬ。今は黄人の状態、黒人に劣るところ無いとせぬ。しかし黄人は何時までも現状を以て続くであろうか。あるいは現状よりも悪くなりはせぬかとの疑いがあり、借款団で支那分割の端を啓きはせぬか。白人が支那に勢力を占めるのは、日本を島の内に閉じ籠めることにならぬか、黄人は遂に白人に屈すべきでないかと云われるが、斯かることが絶対に無いと保証し難く、時としてこれに似たことが起らぬと限らぬ。けれど、白人が勢力を揮うとて畢竟《ひっきょう》何程の事をなすか。東アジアの人民を他に移すことが出来ず、現に安んじて居る所に安んぜしめねばならぬ。これに反して再びチンギス・ハン、ティムールのごときものが崛起《くっき》すること無いと云えぬ。戈壁《ゴビ》からアラビア沙漠に掛けての乾燥した土地は、幾条の水流が涸れ果て、人の繁殖に困難でも、時代に依りて水草の便を加え、再び彼のごとき活動を敢えてする可能性を具えて居り、その出ずるの暁、支那が如何にこれを防ぐか。支那がこれを戴いて政府を造るに至らば、力をペルシア、アフガニスタンに及ぼし、延いてインドに臨むことが出来、インド人がこれを迎えるとあっては、何の結果となるか。チンギス・ハンおよびその子孫は、渤海からバルト海まで領有したが、今は単純なる征服の行い難しとし、この広大なる平原に特殊の大波瀾を惹き起すこと無いや謂えぬ。あるいはこれに先んじて露国より赤化運動を起すかも知れぬが、アジアが何時までも現状で続くものと定むることが出来ぬ。

東アジアの黄人は、黒人よりも知識が進み、一ガーヴェーの下に附和雷同するようなことが無けれど、ガーヴェーのごときものが全く現われ出でぬとは限らぬ。英雄豪傑とて能力に限りあり、知れたものとするが、今日支那で鈍栗《どんぐり》の脊較べして居るものよりも、少しく傑出したのが現われ、衆を麾《さしまね》いたならば、幾年も不安状態で居ったものが、相率いてこれに馳せ向うようになりはせぬか。

夢のような話になるが、全く不可能でなく、半世紀一世紀に現われぬでも、今後幾世紀間にその可能性あるとする。遠き将来において列国が組織を変じ、今日と全く趣きを異にし、そういうものの出ずる余地無いようにならば格別。現状の甚しく崩れぬ限り、アジアの或る部分に異変が起り、黄人が奮い起るようなこと無いとせぬ。今のままで推し移って行けば、黒人がアフリカの大部分を初め、世界の熱帯に住居し、黄人がアジアの大部分に住居し、白人が欧洲およびアジアの西南、アフリカの南北に居り、北南両米洲は、白黄黒人混合の土地となるべき順序である。濠洲は現に白人濠洲を唱えつつあっても、熱帯に居るは他の人種の力を借らねばならぬ。開かぬ積りならば論外であり、開く積りならば白人濠洲というべきでない。

今日の所、白人が最も強く優越権を占むるに努めて居るけれど、世界の文明より云えば、各人種を以て区域を定めるのが穏当であり、便利であり、要するに最も有効である。人種の差別を撤廃し、色を以て毛嫌いせぬことになれば、申し分無けれど、そう行かぬとならば、おのおの分担を定むべきである。厭でも応でも白人において優越権を占めようとせば、幾多の変化の後、事実においてこの辺に落着くことになる。

（大正十年七月一日）

**三宅　雪嶺［著］（みやけ・せつれい）**

本名・三宅雄二郎。思想家、歴史家、評論家。近代日本を代表するジャーナリスト。東京大学文学部哲学科卒。文学博士。東京大学準助教授として日本仏教史の編集を行う。自由新聞の記者として秩父事件を視察。志賀重昂や井上円了らと政教社を結成し、雑誌『日本人』（後に陸羯南の『日本新聞』と合わさり『日本及日本人』に改名）を創刊。当時の政府の欧化主義と藩閥政治を国粋主義の立場から批判するとともに高島炭鉱事件や足尾銅山鉱毒事件などの社会問題も追及した。また関東大震災後は中野正剛と雑誌『我観』を発行。そこで二十年に亘って「同時代観」（後に「同時代史」と改題）を書き続けた。東京専門学校（現・早稲田大学）、哲学館（現・東洋大学）でも教鞭を執り、論理学や西洋哲学史を教えた。1937 年帝国芸術院会員、1943 年文化勲章受章。(1860 − 1945)

# 祖国《そこく》の姿《すがた》


平成 27 年 11 月 24 日初版第一刷発行

著　者：三宅《みやけ》 雪嶺《せつれい》
発行者：中野 淳
発行所：株式会社 慧文社《けいぶんしや》
〒 174-0063
東京都板橋区前野町 4-49-3
〈TEL〉 03-5392-6069
〈FAX〉 03-5392-6078
E-mail:info@keibunsha.jp
http://www.keibunsha.jp/
印刷所：慧文社印刷部
製本所：東和製本株式会社
ISBN978-4-86330-154-2

(株)慧文社
〒174-0063　東京都板橋区前野町4-49-3 TEL 03-5392-6069　FAX 03-5392-6078
http://www.keibunsha.jp/